Juliane Stubenrauch-Böhme/Sibylle Pugliarelli

W0039909

Fundgrube

Französisch

Sekundarstufe 1

▶ Kopiervorlagen auch online

Dieses Buch gibt es auch auf

www.scook.de

Es kann dort nach Bestätigung der Allgemeinen Geschäftsbedingungen genutzt werden.

Buchcode: **2t7um-ndtks**

Die Autorinnen

Juliane Stubenrauch-Böhme ist Gymnasiallehrerin für Deutsch, Französisch und Spanisch, Referentin in der Lehrerfortbildung sowie pädagogische Mitarbeiterin für Deutsch und Fremdsprachen in der Abteilung Berufliche Schulen im Bayerischen Staatsministerium für Bildung und Kultus, Wissenschaft und Kunst. Sie hat bereits mehrere Unterrichtshilfen veröffentlicht.

Sibylle Pugliarelli ist Gymnasiallehrerin für die Fächer Englisch, Französisch und Italienisch. Darüber hinaus hat sie als Autorin mehrere Unterrichtshilfen veröffentlicht.

Projektleitung: Franziska Wittwer, Berlin
Redaktion: Anja Sieber, Berlin
Illustrationen: Dorina Teßmann, Berlin
Umschlagkonzept: Magdalene Krumbeck, Wuppertal
Umschlagestaltung: LemmeDESIGN, Berlin
Umschlagfoto: fotolia.com/AndreasJ
Layout/technische Umsetzung: fotosatz griesheim GmbH

www.cornelsen.de

1. Auflage 2015

© 2015 Cornelsen Schulverlage GmbH, Berlin

Druck: CPI – Clausen & Bosse, Leck

ISBN 978-3-589-01729-4

 Inhalt gedruckt auf säurefreiem Papier aus nachhaltiger Forstwirtschaft.

Inhalt

Vorwort

Mit der praxisbezogenen *Fundgrube Französisch* möchten wir allen Französischlehrern jeder Schulart und jeder Klassenstufe einen abwechslungsreichen und zeitsparenden Ideenpool für die Unterrichtsvorbereitung an die Hand geben, wobei schülerzentriertes und kompetenzorientiertes Arbeiten im Vordergrund steht.

Die *Fundgrube Französisch* bietet Ihnen daher Ideen für Ihren täglichen Unterricht, die

* die Motivation der Schüler wecken,
* die Kreativität und Fantasie anregen,
* die Lernbereitschaft der Schüler stimulieren,
* Grundwissen Revue passieren lassen,
* Lerninhalte sichern,
* einfach einzusetzen und vorzubereiten sind.

Manches ist Ihnen sicher aus ähnlichen Sammlungen zu anderen modernen Fremdsprachen bekannt, aber vielleicht haben Sie sich schon länger nicht mehr daran erinnert und die in diesem Buch vorgestellten Ideen können Ihnen als Anregung dienen. Alle Vorschläge sind im Unterricht erprobt und können je nach verfügbarer Zeit und Lernkontext eingesetzt und an den jeweiligen Kenntnisstand der Schüler angepasst und lehrwerksunabhängig eingesetzt werden.

Da Französisch als erste, zweite, dritte oder auch spät beginnende Fremdsprache erlernt werden kann, wurden die einzelnen Aktivitäten nicht nach bestimmten Jahrgangsstufen, sondern vielmehr nach Lernjahren angeordnet. Selbstverständlich eignen sich viele der Ideen auch für den Einsatz in höheren Jahrgangsstufen.

Die Gliederung der *Fundgrube* orientiert sich an den gängigen Kompetenzbereichen des modernen Fremdsprachenunterrichts in Anlehnung an den Gemeinsamen europäischen Referenzrahmen für Sprachen (GeR): Sprechen – Hören – Lesen – Schreiben – Sprachmitteln. Hinzu kommen noch die Kapitel Stundeneinstiege, Spiele und Grammatik.

Allen Aktivitäten ist in tabellarischer Form eine kurze Vorinformation vorangestellt, der Sie die Leitidee, die vorrangigen Lernziele, das Lernjahr, die im Fokus stehenden sprachlichen Mittel, Sozialformen und Kompetenzen entnehmen können. Des Weiteren erfahren Sie, welche Vorbereitungsmaßnahmen erforderlich sind und welche Unterrichtsmaterialien Sie bereitlegen müssen. Auf einen Blick ist erkennbar, ob sich die Aktivität für den Einsatz in der jeweiligen Klasse eignet. Zusätzlich finden Sie optisch abgesetzt Variationsmöglichkeiten, Tipps und Hinweise, die für den Verlauf des Unterrichts von Bedeutung sein könnten, z. B. worauf zu achten ist oder worauf die Schüler hingewiesen werden sollten.

Die Fülle der Ideen erstreckt sich von spielerischen (Aufwärm-)Übungen, gezielten Sprech- und Schreibanlässen, Hör- und Leseaktivitäten bis hin zu Sprachmittlungs- und Grammatikaufgaben, wie Sie sie in einem modernen und lernerzentrierten Unterricht einsetzen können.

Die Vorinformationen zu jeder Aktivität sind in Deutsch verfasst, um das rasche Erfassen und Auffinden der einzelnen Ideen während des Durchblätterns zu erleichtern. Die Beschreibungen selbst hingegen erfolgen auf Französisch, um den Französischlehrern, die in der Regel keine Muttersprachler des Französischen sind, Redemittel und Vokabular für die Durchführung der Aktivitäten an die Hand zu geben.

Wir wünschen Ihnen viel Freude und gelingende Stunden mit den vorgestellten Ideen und Materialien.

Sibylle Pugliarelli/Juliane Stubenrauch-Böhme

Notiz: Aus Gründen der besseren Lesbarkeit wird in diesem Buch durchgehend die männliche grammatische Form verwendet. Selbstverständlich sind damit immer auch Frauen und Mädchen gemeint, also Lehrerinnen und Schülerinnen etc.

Webcode: Sie können die speziell mit einem Webcode versehenen Kopiervorlagen aus dem Internet als PDF-Datei herunterladen. Sie finden dazu eine Zahlenkombination jeweils unten auf der Buchseite. Geben Sie diese unter www.cornelsen.de/webcodes ein. Achten Sie bitte darauf, dass beim Ausdrucken bei der Seitenanpassung «In Druckbereich einpassen» aktiviert ist, damit Sie eine DIN-A4-Seite bekommen.

1 Activités de démarrage

Nicht selten steht und fällt eine Unterrichtsstunde mit den ersten paar Minuten, in denen es zum einen darum geht, die Aufmerksamkeit der Schüler zu erlangen, zum anderen darum, an Inhalte anzuknüpfen oder auch auf neue Inhalte zu lenken. Zudem kann den Anfangsminuten eine Art «Ritualfunktion» zukommen, indem bestimmte, mit der Zielsprache verknüpfte Aktivitäten einen Wiedererkennungswert bekommen und die Schüler sich auf vertrautem, «sicherem» Sprachgebiet bewegen.

In diesem ersten Kapitel werden einige kurze Startaktivitäten vorgestellt, die vor allem als Inspiration dienen sollen und in Länge und Aufbau oft angepasst oder abgewandelt werden können. Der Spaß am Umgang mit der Sprache, der Überraschungseffekt und die Lust am Anwenden der Zielsprache stehen bei diesen kleinen Einheiten im Vordergrund.

1.1 Le(s) mot(s) du jour

Ziel/Leitidee	Vokabeln wiederholen, Überleitungen herstellen
Lernjahr	ab 1. Lernjahr
Material	keines
Sozialform	ganze Klasse
Inhaltliche Kompetenzen	Wortschatz wiederholen und im Kontext verwenden
Allgemeine Kompetenzen	Hörverstehen fördern

Faites quelques phrases contenant « le mot du jour » et remplacez le mot du jour par un bruit ou un son chaque fois qu'il apparaît dans vos phrases. Les élèves doivent deviner le mot.

Exemples
Ce matin j'ai bu un thé très chaud et je me suis brûlé la (langue).
Il est important de connaître la (langue) anglaise dans beaucoup de métiers.
Le docteur m'a dit de lui montrer ma (langue).

Variante 1
Vous pouvez donner la première lettre du mot à vos élèves et formuler vos phrases de la façon suivante:

Ce matin, quand je buvais un thé très chaud, je me suis brûlé,e ce L.
Si tu sais beaucoup de ces L, tu vas trouver un bon travail plus facilement.
Il ne faut pas montrer ce L aux gens, ce n'est pas gentil.

Variante 2
- Vous donnez un petit papier avec le mot dessus à un élève et il doit prendre votre place.
- Vous écrivez le mot au tableau et c'est aux élèves de trouver des mini-contextes (dans ce cas, il faut que le jeu soit connu).

Remarque Si la classe a déjà un bon niveau de français, vos phrases peuvent être plus complexes et vous pouvez les formuler de sorte qu'il ne soit pas trop facile de reconnaître le mot en question.

1.2   La phrase du jour

Ziel/Leitidee	bestimmte Vokabeln fokussieren, Überleitungen schaffen
Lernjahr	ab 1. Lernjahr
Material	keines
Sozialform	ganze Klasse
Allgemeine Kompetenzen	Leseverstehen schulen

Choisissez une phrase ou une citation originale et écrivez-la au tableau en enlevant un mot important. Les élèves doivent deviner le mot.

Exemples
1. La (girafe) est le seul animal dont le cœur est loin des pensées : elle est tombée amoureuse hier, mais elle ne le sait toujours pas. (de Stefano Benni, traduit de l'italien)
(Vous pourriez aussi enlever les mots « cœur » ou « amoureuse ».)

2. On ne pardonne pas à son ami ses (erreurs). On ne les excuse pas non plus. On les comprend. (de Philippe Soupault)

3. (Éduquer), ce n'est pas remplir des vases, c'est allumer des feux. (de Montaigne)

> **Remarque** La citation peut donner lieu à une discussion ou à un moment de créativité pendant lequel les élèves formulent leurs propres phrases sur le même sujet ou selon le même modèle (On peut p. ex. remplacer la girafe par un autre animal qui a d'autres caractéristiques ou qualités.)

1.3   Lexique et musique

Ziel/Leitidee	Vokabeln wiederholen und sinnvoll verknüpfen
Lernjahr	ab 1. Lernjahr
Material	keines
Sozialform	ganze Klasse
Inhaltliche Kompetenzen	Wortschatz wiederholen und im Kontext verwenden

Pendant la durée d'une chanson, les élèves se lèvent à tour de rôle pour écrire un mot du vocabulaire qu'ils ont préparé ou révisé à la maison au tableau. Quand la musique s'arrête, tout le monde doit être retourné à sa place et on regarde le résultat ensemble. Les élèves doivent maintenant unir ou combiner les mots au tableau, en les encerclant et en les « liant » au tableau. Si un élève a une idée, il va au tableau, relie les mots par des lignes ou des couleurs et prononce sa phrase.

> **Variante**
> Les élèves pourraient noter le vocabulaire sur des feuilles pendant que vous leur passez la chanson et échanger leurs résultats après, mais alors ils ne bougent pas et on ne voit pas comment ils arrivent a ce résultat.

1.4   Puzzle lexical

Ziel/Leitidee	Vokabeln wiederholen und kontextualisieren, bestimmte Phänomene fokus-sieren
Lernjahr	ab 1. Lernjahr
Material	Folie mit 3x3-Tabelle
Sozialform	zwei Gruppen oder ganze Klasse
Inhaltliche Kompetenzen	Wortschatz wiederholen und im Kontext verwenden

Premier pas: Dessinez un tableau sur du transparent dans les cases duquel vous écrivez des phrases ou des bouts de phrase contenant, à l'origine, quelques-uns des mots du nouveau vocabulaire (ou simplement des mots à réviser), que vous aurez « chassés » de la phrase.

Deuxième pas : Divisez la classe par deux : chacun des deux groupes choisit un symbole, un chiffre, une lettre ou une couleur pour marquer leurs points. A tour de rôle, les groupes doivent compléter la grille en essayant d'obtenir une série de 3 phrases/cases correctes. Sinon, le but peut être d'obtenir le plus de points possible.

> Exemple
> Franc est _____ (tombé) amoureux de Marie. J'étais vraiment très
> touché,e _____ (par) cette histoire. En France, l'année
> _____ (scolaire) commence en septembre.
> Écoute ! Ils _____ (passent)
> notre chanson préférée à la radio ! Ce soir à la télé, il y a un _____
> (documentaire) sur les perruches. Loris et ses parents _____
> (s'entendent) très bien. Leur relation est bonne.
> Aujourd'hui, je suis venu,e _____ _____ (à pied) parce que
> j'avais envie de marcher. Ensemble, mes parents _____ (ont) 105
> ans. N'_____ (ayez) pas peur, les enfants ! Tout va bien.

Remarque Le nombre des cases dépend du temps dont vous disposez. Si vous voulez mettre l'accent sur certains phénomènes lexicaux ou grammaticaux, ce petit exercice s'y prête.

1.5   Phrases relais

Ziel/Leitidee	Sätze bilden, Vokabeln wiederholen
Lernjahr	ab 1. Lernjahr
Material	keines
Sozialform	ganze Klasse
Inhaltliche Kompetenzen	Satzbau üben

Ensemble, vous remplissez une grille au tableau constituée des catégories « noms », « verbes/activités », « lieux » etc. Un élève choisit son sujet parmi les noms et désigne un autre élève qui continue la phrase par un verbe et un troisième termine la phrase. L'important, c'est que cela se passe très vite. Si les élèves ont un bon niveau de français, vous pouvez renoncer à la grille.

1.6 Rallongement de phrase

Ziel/Leitidee	komplexere Sätze bilden
Lernjahr	ab 2. Lernjahr
Material	keines
Sozialform	ganze Klasse
Inhaltliche Kompetenzen	Satzteile beherrschen
Allgemeine Kompetenzen	Kreativität fördern

Écrivez une phrase très simple au tableau et dites aux élèves de la rallonger, en ajoutant des adjectifs qualificatifs, des propositions relatives, des adverbes, des compléments du nom.

> Exemple
> *Un garçon joue.*
> *Un (petit) garçon (aux cheveux blonds) (qui habite à la campagne) joue (tranquillement) (de la guitare) (dans sa chambre) …*

Remarque Vous pouvez tranformer cette activité de «rallongement» en compétition, si vous leur donnez la phrase et un temps limité pour la rallonger. Celui qui a réussi à écrire la phrase la plus longue, sort vainqueur.

1.7 Sésame

Ziel/Leitidee	Vokabeln wiederholen
Lernjahr	ab 1. Lernjahr
Material	keines
Sozialform	ganze Klasse
Allgemeine Kompetenzen	Hörverstehen schulen

Définissez quelques-uns des mots à réviser et dites aux élèves de les noter (un élève peut faire ceci sur transparent ou au tableau. Dans chacun de ces mots, vous choisirez une lettre qui servira à former le mot-solution du jeu en disant à vos élèves de l'encercler. S'ils ont bien appris leurs mots et compris vos définitions, ils obtiendront toutes les lettres, dans l'ordre ou, à vous de décider, pêle-mêle et devront encore à combiner.

1.8   Poésie par association

Ziel/Leitidee	semantische Felder erschließen, Gefühl für Lautung und Reime entwickeln
Lernjahr	ab 2. Lernjahr
Material	keines
Sozialform	ganze Klasse
Allgemeine Kompetenzen	Kreativität fördern, Ausspracheregeln beherrschen

Premier pas : Écrivez un mot au tableau. À partir de ce mot, les élèves doivent trouver un autre mot qu'ils associent à ce dernier. Le premier à en trouver un se lève et l'écrit à côté de ce mot, après quoi l'activité se répète. Pendant que les élèves remplissent le tableau, vous pouvez leur passer une chanson qui délimitera le temps qu'ils ont pour faire cette activité et qui peut avoir quelque rapport avec le premier mot.

Deuxième pas : Une fois la chanson finie, les élèves doivent trouver des mots qui riment avec ceux écrits au tableau.

Troisième pas : Vous leur donnerez ensuite quelques minutes pour qu'ils puissent en faire un tout petit poème.

> Exemple
> *fleur – été – soleil – dehors – promenade – parc – nature – respirer – ....*
>
> Voilà des mots qui riment :
> *fleur : peur, cœur, sœur ...*
> *été : café, amitié, ...*
> *soleil : abeille, pareil, ...*
> *dehors : alors, adore,*
> *promenade : salade, stade,*
> *parc : Marc, ...*
> *nature : sur, mur, ...*

Remarque Dans ce cas-là, vous pourriez choisir la chanson « Il faut que je respire » de Mickey 3 D !

1.9 Ratatouille

Ziel/Leitidee	Vokabeln und Wortschatzgruppen wiederholen
Lernjahr	ab 1. Lernjahr
Material	Folie oder Arbeitsblatt
Sozialform	ganze Klasse oder Partnerarbeit
Inhaltliche Kompetenzen	korrekte Orthographie trainieren

Choisissez quelques catégories, selon les champs lexicaux que vous voulez réviser et pour chacune d'entre elles environ 5 mots, dont vous chamboulez les lettres les constituant. Les élèves doivent donc reconstruire ces mots dans un temps limité, soit avec un camarade, soit tous ensemble.

> Exemple
>
> | Nourriture : | Moyens de transport : | En ville : |
> |---|---|---|
>
> *ompem (pomme)*
> *iatl (lait)*
> *ooaltchc (chocolat)*
> *âeatgu (gâteau)*
> *irseséc (cérise)*
> *ttytomoceelc (motocyclette)*
> *rac (car)*
> *oimacn (camion)*
> *irnave (navire)*
> *tromé (métro)*
> *froucrrae (carrefour)*
> *evanue (avenue)*
> *eirmia (mairie)*
> *atromismscai (commissariat)*
> *rage (gare)*

Remarque Au lieu de noms, vous pouvez choisir des verbes (certaines activités, p. ex. à l'école : écrire, écouter, copier, lire …) ou des adjectifs (p. ex. les couleurs).

1.10   Qui veut gagner des millions?

Ziel/Leitidee	Weltwissen auf Französisch testen
Lernjahr	ab 1. Lernjahr
Material	PowerPoint oder Folie
Sozialform	ganze Klasse oder zwei Teams
Inhaltliche Kompetenzen	Wissen festigen

Préparez trois ou plusieurs questions sur un sujet « francophone » avec un choix de quatre réponses pour chacune d'entre eux. Le hasard décide lequel des deux groupes commence. Si la réponse est juste, le groupe gagne un point et c'est à l'autre groupe de continuer (sinon, vous auriez besoin d'un grand nombre de questions or, ici il s'agit juste d'une activité de démarrage).

> Exemple
> *Quelle espèce d'ours n'existe pas?*
> *a) l'ours à collier   b) l'ours à crinière   c) l'ours à lunettes*
>
> *Gérard Dépardieu est*
> *a) un chanteur   b) un acteur   c) un politicien*
>
> *Laquelle de ces formes n'est pas un subjonctif?*
> *a) prennes   b) mange   c) finis*

> Variante
> Vous pouvez mettre l'accent sur différents chapitres de grammaire ou réviser le contenu d'articles de journal, récits ou romans.

1.11   Une lettre, mille définitions

Ziel/Leitidee	Vokabeln reaktivieren
Lernjahr	ab 1. Lernjahr
Material	keines
Sozialform	ganze Klasse oder zwei Teams
Inhaltliche Kompetenzen	Hörverstehen fördern

Préparez des petits papiers avec les lettres de l'alphabet et, pour chaque lettre, quelques mots qui commencent par cette lettre. Un élève pioche une lettre et vous commencez à définir les mots commencant par cette lettre. Au bout de deux minutes, c'est fini et un représentant de l'autre groupe pioche une lettre. Celui qui a deviné le plus grand nombre de mots gagne.

> **Remarque** Il vaut mieux faire participer tout le groupe que laisser jouer seulement la personne qui a pioché. Mais il faut se mettre d'accord sur les règles: si un élève d'un groupe donne une réponse fausse, leur tour est-il ou non fini? A vous de décider. Vous pouvez bien sûr tricher sur le nombre des lettres dans votre alphabet … les élèves ne le sauront pas.

1.12 Personnages célèbres

Ziel/Leitidee	Gedächtnisschulung, Wiederholung von grammatischen oder lexikalischen Inhalten
Lernjahr	ab 2. Lernjahr
Material	Folie
Sozialform	ganze Klasse, Partnerarbeit
Allgemeine Kompetenzen	Schnelligkeit, Aussprache üben

Notez les noms des personnages (français!) qui jouent un rôle nommé dans les manuels de français précédents ou seulement dans le manuel actuel. N'écrivez que les prénoms des personnages sur un transparent et dites aux élèves d'y associer les noms. Celui qui croit avoir trouvé tous les noms, les récite et, si les réponses sont bonnes, gagne.

> Exemples (pris de «A plus!» 5, Cornelsen)
> *Christophe (Colomb)*
> *Charles (de Gaulle)*
> *Victor (Schoelcher)*
> *Nicolas (Hulot)*
> *Lilian (Thuram)*
> *Marie (Curie)*
> *Maryse (Condé)*
> *Fred (Vargas)*
> *Léon (Blum)*

> **Remarque** Selon le niveau des élèves, vous pouvez inclure des personnages d'actualité qu'ils devraient connaître ou dont vous venez de parler. Pour faciliter l'activité, vous pouvez aussi leur donner les noms en désordre et les écrire à côté des prénoms.

Variante 1

On peut aussi dire les prénoms, les uns après les autres, à un élève, qui, lui, doit trouver le plus vite possible les noms, n'ayant que deux minutes pour faire ceci. Chaque fois qu'il se trompe, il doit retourner en arrière et recommencer par le premier prénom. Au bout des deux minutes, il arrivera à un prénom sur la liste et aura gagné un certain nombre de points selon sa position sur la liste (s'il arrive à Nicolas Hulot, il aura gagné 7 points). Ceci peut aussi se faire à deux, si l'un des deux reçoit une feuille avec les solutions!

Variante 2

Vous pouvez jouer ce jeu avec des pays et des nationalités ou des pays et des capi-tales, ou bien avec des formes grammaticales, p. ex. en leur donnant différents verbes à conjuguer (à la première ou troisième forme du pluriel d'un certain temps) ou dont ils doivent trouver le participe passé.

1.13 Audition

Ziel/Leitidee	jedem Schüler die Gelegenheit zum Lesen geben, Neues einschleifen
Lernjahr	ab 1. Lernjahr
Material	Arbeitsblatt
Sozialform	Partnerarbeit
Inhaltliche Kompetenzen	sinnhaftes Vorlesen, korrekte Intonation und Aussprache beherrschen

Préparez un dialogue pour deux interlocuteurs, il ne devrait pas être trop long, mais contenir le phénomène grammatical, les structures, tournures ou mots que les élèves ont récemment appris. Les A reçoivent leur texte, et les B aussi (il faut marquer qui com-mence), on leur donne quelques minutes pour pratiquer le dialogue ensemble, aussi en changeant de côté, jusqu'à ce que vous leur disiez d'arrêter. Ensuite, un couple est prié de « réciter » le dialogue.

Ensuite, vous pouvez leur dire de souligner le phénomène grammatical sur lequel vous vouliez mettre l'accent.

Remarque De cette façon, tous les élèves, même les plus timides, auront l'occasion de s'exprimer dans la langue étrangère.

Au téléphone I

1 Parler de l'avenir

B : Allô ?

A : Salut, Pierre, c'est Paul.

B : Ah ! Salut Paul.

A : Dis-moi Pierre, qu'est-ce que vous faites ce week-end ?

B : Nous irons chez ma grand-mère parce que c'est son anniversaire.
Il y aura un gâteau et tous mes cousins seront là.

A : Je comprends. Moi, je rencontrerai un copain allemand, qui est en visite à
Nantes. C'est le fils d'un ami de mes parents. On visitera Nantes, on montera au
château et j'inviterai peut-être un autre copain si tu n'es pas là parce que ce sera
l'anniversaire de ta mamie.

B : Tu passeras un bon weekend, c'est sûr. Écoute, il faut que j'arrête maintenant,
nous allons manger dans vingt minutes. Je t'appellerai demain.

A : D'accord ! Je serai à la maison à partir de cinq heures. A demain !

Au téléphone II

2 Faire des propositions

A: Allô?
B: Salut Marie, c'est Pauline. Qu'est-ce que tu fais?
A: Je travaille pour l'école. On a une interro demain.
B: Écoute, on fait un tour en ville ensemble? Il y a le cirque Place Bellecour.
A: Je voudrais bien, mais … C'est une interro de maths, et je suis nulle en maths.
B: Et demain? On regarde un DVD ensemble? Il y a un nouveau film avec Depardieu …
A: D'accord! Chez toi ou chez moi?
B: Chez, moi, dans ma chambre, où j'ai une télé. A demain, alors!
A: Oui, à demain!

A: Allô?
B: Salut Lucie, c'est moi, Manon. Qu'est-ce que tu fais ce soir?
A: Ce soir? Je ne sais pas. Maman n'est pas là, mes frères sont chez des copains … Toi, qu'est-ce que tu fais?
B: Moi, je veux regarder un film ou écouter des Cd. On peut faire quelque chose ensemble, non?
A: Oui, pourquoi pas? Je veux bien. A ce soir, alors?
B: À plus!

A: Allô?
B: Bonjour. Je parle avec qui?
A: C'est M. Montagnet.
B: Ah, d'accord. Bonjour, monsieur. C'est Pauline, une copine de Lucie. Est-ce qu'elle est là?
A: Ah, Pauline. Ça va?
B: Oui, Monsieur, ça va bien, merci.
A: Lucie n'est pas là: elle est au conservatoire, tu sais. Elle joue de la clarinette.
B: Je comprends. Vous lui dites de m'appeler ce soir?
A: Bien sûr. Passe une bonne journée, Pauline!
B: Vous aussi, Monsieur.

1.14 Interview multiple-choice

Ziel/Leitidee	die Sprache in den Mund nehmen, Strukturen und Vokabeln einschleifen
Lernjahr	ab 1. Lernjahr
Material	Arbeitsblätter
Sozialform	Partnerarbeit
Inhaltliche Kompetenzen	Hörverstehen, Leseverstehen schulen

Sur deux feuilles séparées, préparez des questions et un choix de réponses. Distribuez les feuilles et l'interview peut commencer. Au bout de quelques minutes, dites aux élèves de changer de rôle.

Remarque Si les élèves son plus grands, donnez-leur uniquement les questions, pas les réponses.

Questions
Est-ce que tu aimes bien l'école?
A quelle heure est-ce que tu vas au lit?
Qu'est-ce que tu fais après les cours?
Est-ce que tu as un animal?
Qu'est-ce qu'il y a dans ta chambre?
Qu'est-ce que tu préfères: l'anglais ou la géographie?
Qu'est-ce qu'il y a dans ta ville / dans ton village?
Qu'est-ce que tu veux pour ton anniversaire?
Est-ce que tu travailles beaucoup pour l'école?

Interview – questions et réponses I

Questions	Réponses
Est-ce que tu aimes bien l'école?	Oui, j'aime bien l'école. Non, je n'aime pas l'école. Pas trop. Oui, assez bien.
Qu'est-ce que tu détestes?	Je déteste les livres. Je déteste les maths. Je déteste le foot. Je déteste les légumes. Rien. J'aime tout
A quelle heure est-ce que tu vas au lit?	Très tard. A huit heures et demie. A neuf heures. A dix heures. A dix heures et demie. Ça dépend.
Qu'est-ce que tu fais après les cours?	Je joue avec mes amis. Je lis. Je joue à l'ordinateur. Je fais du sport. Je dors. Je joue d'un instrument. J'écoute de la musique.
Est-ce que tu as un animal?	Oui, un chien. Oui, un chat. Oui, une perruche. Oui, un hamster. Oui, un cochon d'Inde. Oui, un lapin. Oui, mais je ne sais pas le mot en français. Non, je n'en ai pas.
Qu'est-ce qu'il y a dans ta chambre?	Il y a un ordinateur. Il y a un lit. Il y a une armoire. Il y a une télé. Il y a un lecteur de Cd. Il y a une chaise. Il y a un canapé. Il y a des livres. Il y a des fleurs. Il y a des jeux. Il y a un piano.

Webcode: FF017294-002

Interview – questions et réponses II

Qu'est-ce que tu préfères : l'anglais ou la géographie ?	Je préfère l'anglais. Je préfère la géo. Je n'aime pas l'anglais. Je déteste la géo. Je déteste les deux. J'aime les deux. Ça dépend du professeur.
Qu'est-ce qu'il y a dans ta ville / dans ton village ?	Il y a • des maisons • un parc • une église • une discothèque • une bibliothèque • un aéroport • un collège • un cinéma • un stade • une gare
Qu'est-ce que tu veux pour ton anniversaire ?	Je voudrais • un nouvel ordinateur • un portable • un vélo • un chat • de l'argent • des meubles pour ma chambre
Est-ce que tu travailles beaucoup pour l'école ?	• Oui, parce que je suis nul. • Non, pourquoi ? • Ça dépend. • Et toi ?

1.15   Symboles mystérieux

Ziel/Leitidee	neue Strukturen einüben
Lernjahr	ab 1. Lernjahr
Material	Klassenliste auf Folie
Sozialform	ganze Klasse
Inhaltliche Kompetenzen	neue Strukturen und Wörter anwenden, Kreativität fördern

Préparez la liste en choisissant un symbole ou petit dessin pour chacun de vos élèves. Couvrez la liste et projetez-la au mur. Les uns après les autres, découvrez les noms et leurs symboles, car c'est plus amusant comme ça. Selon ce que vous souhaitez réviser, posez-leur des questions :

Exemples

Qu'est-ce que vous avez fait hier ? (accent sur le passé composé)

Qu'est-ce que vous allez faire aujourd'hui ? (accent sur le futur composé)

Qu'est-ce que vous n'aimez pas ? (accent sur la bonne utilisation de l'article défini)

1.16   Au musée

Ziel/Leitidee	Sprechanlass schaffen, Überleitung zu neuem Thema
Lernjahr	ab 1. Lernjahr
Material	verschiedene Bilder oder Fotos
Sozialform	ganze Klasse
Inhaltliche Kompetenzen	Bildmaterial verbalisieren

Premier pas: Choisissez quelques images intéressantes et accrochez-les aux murs de la salle de classe. Divisez les élèves en groupes, selon le nombre des images, et donnez à chaque groupe un point de départ. Les différents groupes se promènent dans le sens des aiguilles d'une montre dans le «musée», regardent et commentent les images en faisant des hypothèses sur la situation.

Deuxième pas: Quand le temps imparti est terminé, fini, tout le monde retourne à sa place et vous leur demandez ce qu'ils ont vu.

Remarque Plus les images sont étranges, plus les commentaires seront intéressants.

Variante

Vous ne choisissez qu'un seul objet, mais en plusieurs variantes, comme p. ex. une chaussure ou un chapeau. Les élèves doivent alors formuler des hypothèses sur le propriétaire de cet objet.

2 Jeux linguistiques

Spielerische Ideen im Unterricht erlauben es Schülern, in positiver und angstfreier Unterrichtsatmosphäre mit der Fremdsprache zu experimentieren. Mit Spielen können auch schwächere Schüler begeistert und zur Sprachproduktion angeregt werden. Auf abwechslungsreiche Art und Weise prägen sich beim Spielen sprachliche Strukturen ein.

Die in diesem Kapitel vorgestellten Spiele sollen ihren Unterricht ergänzen und bereichern – sowohl in besonderen als auch den üblichen Stunden. Alle Spiele können an das Niveau und die Interessen der jeweiligen Lerngruppe angepasst werden. Manche der Spiele können ohne Vorbereitung gespielt werden, für andere wird einfaches Material benötigt. Häufig können die Schüler auch in die Vorbereitung eingebunden werden.

2.1 Carton rouge et vert

Ziel/Leitidee	Textverständnis überprüfen
Lernjahr	ab 1. Lernjahr
Material	pro Schüler eine rote und grüne Karte
Sozialform	Einzelarbeit
Allgemeine Kompetenzen	Textverständnis abfragen

Chaque élève reçoit une carte rouge et une carte verte. Prononcez une phrase se référant au dernier texte lu en classe. Si la proposition est correcte, les élèves montrent la carte verte, si la proposition est fausse, ils lèvent la carte rouge. Demandez des explications, pourquoi la proposition est correcte ou fausse. Ainsi on peut vérifier si les élèves ont bien compris le texte.

2.2 Domino du vocabulaire

Ziel/Leitidee	Vokabeln wiederholen
Lernjahr	ab 1. Lernjahr
Material	keines
Sozialform	Plenum
Allgemeine Kompetenzen	aufmerksames Zuhören üben
Inhaltliche Kompetenzen	Wortschatz wiederholen und vertiefen

Commencez en disant un mot, p. ex. *fenêtre*. Les élèves continuent en disant un mot qui commence par e, la dernière lettre de *fenêtre*, p. ex. *excellent*.
Ensuite un autre élève cherche un mot commençant avec *t*, etc.

Variante
On cherche seulement des substantifs ou des mots d'un champ lexical.

2.3 Gymnastique

Ziel/Leitidee	Präpositionen und Imperativformen einüben
Lernjahr	ab 1. Lernjahr
Material	keines
Sozialform	Plenum
Allgemeine Kompetenzen	zuhören und richtig reagieren
Inhaltliche Kompetenzen	Präpositionen und Imperativformen einüben wiederholen und festigen

Donnez des ordres aux élèves qui y réagissent, p. ex. :

Montez sur vos chaises. Mettez-vous sous vos tables.

Les élèves qui font des fautes, auront un gage. Exemples de gages : conjuguer un verbe, demander l'heure en français etc. Après un certain temps, un ou plusieurs élèves peuvent donner des ordres.

2.4 1 – 2 – 3 … voilà

Ziel/Leitidee	Zahlen einüben
Lernjahr	ab 1. Lernjahr
Material	keines
Sozialform	Plenum
Inhaltliche Kompetenzen	Zahlen wiederholen

Toute la classe se lève et les élèves comptent l'un après l'autre à haute voix : 1 – 2 – 3 … Quand un chiffre apparaît qui contient le chiffre 7 (7 – 17 – 27) ou qui se divise par 7 (7 – 14 – 21) ils disent « voilà » au lieu du chiffre. Les élèves qui se trompent, doivent s'asseoir et ne participent plus au jeu. Les autres continuent jusqu'à ce que reste seulement un élève, celui qui a gagné.

Variante
Le même jeu avec d'autres chiffres (3, 6 etc.)

2.5   Ratefix

Ziel/Leitidee	Vokabeln wiederholen
Lernjahr	ab 1. Lernjahr
Material	Buchstaben-Drehscheibe aus dem Ratefix-Spiel, ca. 15 Karten mit Wort-feldern
Sozialform	Plenum
Inhaltliche Kompetenzen	Wortschatz wiederholen und vertiefen

Premier pas : On a besoin de la plaque tournante contenant les lettres de l'alphabet du jeu Ratefix. Alternativement, un élève peut silencieusement réciter l'alphabet, un autre élève dit « stop » et l'élève dit la lettre de l'alphabet où il se trouve à haute voix.

Deuxième pas : Vous avez noté quelques champs lexicaux sur de petites cartes.

Exemples
hobbies
fruits et légumes
sport
animaux
pays
couleurs
qc d'agréable/de terrible
à l'école
à la maison

Troisième pas : Maintenant, vous indiquez un champ lexical. Celui des élèves qui dit le premier un mot commençant par la lettre de l'alphabet de ce champ lexical obtient la carte. Celui qui a le plus de cartes à la fin a gagné.

Variante
Les élèves se divisent en deux groupes qui jouent l'un contre l'autre.

2.6   Je fais ma valise

Ziel/Leitidee	eine vorgegebene Satzstruktur einüben
Lernjahr	ab 1. Lernjahr
Material	keines
Sozialform	Plenum
Inhaltliche Kompetenzen	Wortschatz wiederholen
Allgemeine Kompetenzen	das Gedächtnis trainieren

Il s'agit de la version française du jeu allemand « *Ich packe meinen Koffer* ». Un élève commence, il dit :

> « *Je fais ma valise et j'y mets une brosse à dents.* »

L'élève suivant continue en répétant cette phrase et il y ajoute un autre objet qu'il met dans la valise :

> « *Je fais ma valise et j'y mets une brosse à dents et mon pyjama.* »

On continue ainsi jusqu'à ce qu'un élève fasse une faute. Le suivant recommence de nouveau.

> Variante
> On peut donner d'autres introductions pour varier, p. ex. :
> « *Je suis invité,e à une fête et j'apporte … »*
> *Je vais au marché et j'achète … »*

2.7   Créer des mots

Ziel/Leitidee	Kreativität durch Wortbildung fördern
Lernjahr	ab 1. Lernjahr
Material	verschiedene Wörter notieren
Sozialform	Plenum
Inhaltliche Kompetenzen	Wortschatz wiederholen
Allgemeine Kompetenzen	Freude am spielerischen Umgang mit Sprache wecken

Donnez un mot aux élèves, p. ex. *grand-mère*. Les élèves cherchent d'autres mots qu'ils peuvent former avec les lettres du mot donné, p. ex. *mer, rare* etc.

2.8   Numéros de téléphone

Ziel/Leitidee	Zahlen einüben
Lernjahr	ab 1. Lernjahr
Material	pro Schüler ein Kärtchen, Mütze o. Ä.
Sozialform	Plenum
Inhaltliche Kompetenzen	Sprechfertigkeit trainieren
Allgemeine Kompetenzen	Zahlen wiederholen und einüben

Chaque élève note son numéro de téléphone sur une petite carte. Tous les élèves mettent leur numéro de téléphone dans un bonnet et en tirent un autre numéro de téléphone. En demandant aux autres, tous essayent de trouver la carte avec leur numéro de téléphone.

2.9   La valise perdue

Ziel/Leitidee	Wortschatz wiederholen
Lernjahr	ab 1. Lernjahr
Material	mehrere Taschen, die ca. fünf bis zehn Gegenstände oder Abbildungen von Gegenständen enthalten
Sozialform	Plenum
Inhaltliche Kompetenzen	Sprechfertigkeit trainieren
Allgemeine Kompetenzen	Vokabeln und Vergangenheitstempora einüben

Premier pas: Montrez aux élèves plusieurs sacs qui contiennent entre cinq et dix objets. Vous expliquez que vous avez trouvé ces sacs dans le train/le métro.

Deuxième pas: La classe se divise en groupes. Chaque groupe reçoit un sac et doit deviner ce que le propriétaire du sac a fait les jours précédents et qui il est.

Troisième pas: Après dix à quinze minutes, les groupes présentent le propriétaire de leur sac à la classe.

> Variante
> Pour pratiquer les formes du futur, les élèves peuvent aussi présenter les projets d'avenir de leur propriétaire.

2.10 Je m'apelle Martine et j'habite à Marseille

Ziel/Leitidee	französische Namen und Städte einüben
Lernjahr	ab 1. Lernjahr
Material	evtl. Landkarte von Frankreich und Belgien
Sozialform	Plenum
Allgemeine Kompetenzen	Sprechfertigkeit und Gedächtnis trainieren

Le premier élève commence en disant : « *Je m'appelle Martine et j'habite à Marseille.* »
Le deuxième élève continue : « *Cette élève s'appelle Martine et habite à Marseille, moi, je m'appelle Louis et j'habite à Limoges.* »

Le troisième élève continue de la même manière.

Important Les élèves doivent nommer des villes françaises. Pour faciliter le jeu, on peut fixer une carte de la France au tableau.

Variante
Les élèves ne disent pas où ils habitent mais ce qu'ils aiment, p. ex. :
« *Je m'appelle Patrick et j'aime les pêches.* »

2.11 Jeux de puzzle

Ziel/Leitidee	Textverständnis und Lesefertigkeit üben
Lernjahr	ab 1. Lernjahr
Material	Text auf Puzzlevorlage kopieren
Sozialform	Partner- oder Einzelarbeit
Allgemeine Kompetenzen	Texte erfassen

Premier pas : Photocopiez un texte selon le modèle « Des pièces du puzzle ». Chaque groupe de deux élèves ou chaque élève reçoit une fiche de travail, c'est-à-dire un puzzle.

Deuxième pas : D'abord les élèves découpent les parties du puzzle, ensuite ils les mettent de nouveau ensemble.

Variante
Donnez aux groupes les parties du puzzle découpé de sorte que les élèves ne voient le texte qu'après avoir mis ensemble les parties du puzzle.

Des pièces du puzzle

2.12 Concours de vocabulaire

Ziel/Leitidee	Vokabeln einüben
Lernjahr	ab 1. Lernjahr
Material	keines
Sozialform	Plenum
Allgemeine Kompetenzen	Konzentrationsfähigkeit schulen
Inhaltliche Kompetenzen	Vokabeln trainieren und schreiben

Premier pas: Vous ou un élève écrivez le nouveau vocabulaire en allemand au tableau.

Deuxième pas: La classe se divise en deux groupes qui jouent l'un contre l'autre. Chaque équipe reçoit un morceau de craie de couleur différente.

Important Les élèves ne doivent pas parler pendant le jeu.

Troisième pas: Un élève de chaque groupe vient au tableau et écrit l'équivalent français derrière un mot allemand, rejoint son groupe et donne la craie à un autre membre de son équipe qui va au tableau et note un autre équivalent français.

Remarque Les membres du groupe peuvent corriger des fautes.

Quatrième pas: Quand tous les mots allemands sont traduits en français, chaque groupe reçoit un point pour chaque équivalent français correct.

Variante 1
Au lieu d'écrire les mots en allemand au tableau, vous pouvez écrire les mots français au tableau mais en pêle-mêle, p. ex. *guttebae* au lieu de *baguette*.

Variante 2
Les élèves peuvent créer des mots croisés pour leurs camarades. Ainsi, ils sont obligés de formuler des définitions.

Variante 3
Les élèves peuvent écrire une petite histoire sur la base du vocabulaire au tableau.

2.13　Sudoku

Ziel/Leitidee	Spaß am Knobeln
Lernjahr	ab 1. Lernjahr
Material	Arbeitsblatt kopieren
Sozialform	Einzelarbeit
Allgemeine Kompetenzen	strategisches Vorgehen trainieren

Dessinez un schéma sudoku au tableau, vous demandez aux élèves si les règles du jeu sont connues. Sinon vous les expliquez : il y a neuf lignes et neuf colonnes : ce qui donne 9 x 9 carrés. Il faut remplir les cases de chaque carré avec des chiffres allant de 1 à 9 veillant toujours à ce qu'un même chiffre ne figure qu'une seule fois par colonne, une seule fois par ligne, et une seule fois par carré de neuf cases.

Exemple

8	5	4	1	2	6	3	9	7
7	9	2	3	5	4	6	1	8
3	6	1	9	8	7	5	2	4
9	4	5	6	3	8	1	7	2
6	1	3	7	9	2	8	4	5
2	7	8	5	4	1	9	3	6
5	3	6	4	7	9	2	8	1
4	2	9	8	1	5	7	6	3
1	8	7	2	6	3	4	5	9

(= solution du sudoku *Au marché* en chiffres)

Vous informez les élèves que le sudoku qu'ils vont remplir utilise des mots au lieu des chiffres. Les élèves remplissent le sudoku. Après, vous leur montrez la solution.

Sudoku *Au marché*

1 = tomate 4 = pomme 7 = oignon
2 = abricot 5 = pêche 8 = banane
3 = salade 6 = carotte 9 = poire

	pêche						poire	
oignon		abricot		pêche		carotte		banane
	carotte				oignon		abricot	
		pêche		salade		tomate		
	tomate		oignon		abricot		pomme	
		banane		pomme		poire		
	salade		pomme		poire		banane	
pomme		poire		tomate		oignon		salade
	banane						pêche	

Sudoku *Le petit déjeuner* – solution

1 = tomate	4 = pomme	7 = oignon
2 = abricot	5 = pêche	8 = banane
3 = salade	6 = carotte	9 = poire

banane	pêche	pomme	tomate	abricot	carotte	salade	poire	oignon
oignon	poire	abricot	salade	pêche	pomme	carotte	tomate	banane
salade	carotte	tomate	poire	banane	oignon	pêche	abricot	pomme
poire	pomme	pêche	carotte	salade	banane	tomate	oignon	abricot
carotte	tomate	salade	oignon	poire	abricot	banane	pomme	pêche
abricot	oignon	banane	pêche	pomme	tomate	poire	salade	carotte
pêche	salade	carotte	pomme	oignon	poire	abricot	banane	tomate
pomme	abricot	poire	banane	tomate	pêche	oignon	carotte	salade
tomate	banane	oignon	abricot	carotte	salade	pomme	pêche	poire

2.14 Jeter des dés aux verbes

Ziel/Leitidee	spielerisch Verbformen einüben
Lernjahr	ab 1. Lernjahr
Material	Folie, Folienstift, 1 Würfel pro Schülerpaar
Sozialform	Partnerarbeit
Allgemeine Kompetenzen	unregelmäßige Verbformen einüben

Premier pas: Vous écrivez l'infinitif de six verbes au tableau. Au-dessous, vous notez toutes les six formes d'un certain temps ou d'un certain mode, p. ex. de l'imparfait, du subjonctif présent. Chaque verbe correspond à un chiffre de 1 à 6.

Deuxième pas: Les élèves jouent en groupes de deux. Chaque groupe reçoit un dé. Un des deux élèves (élève A) ne peut pas regarder au tableau.

Troisième pas: L'élève B lance le dé. Le numéro donne le verbe que l'élève A doit conjuguer. L'élève B relance le dé de nouveau. Le numéro donne la personne. Alors l'élève B indique à l'élève A le verbe et la personne pour la conjugaison.

> Exemple
> Les verbes: *1) manger 2) remplir 3) tenir 4) conduire 5) poser 6) mettre*
> Elève B lance 5 et 3. La bonne réponse est donc: Il ou elle pose.
> Elève A note la réponse et élève B la contrôle à l'aide du tableau. Si la forme est correcte, élève A obtient un point.
> Après un temps défini, les élèves échangent les rôles et l'enseignant note six autres verbes au tableau.
> Celui qui a le plus de points a gagné.

2.15 Domino

Ziel/Leitidee	spielerisch Vokabeln wiederholen
Lernjahr	ab 1. Lernjahr
Material	1 Arbeitsblatt pro Schüler oder Schülerpaar, Scheren
Sozialform	Partnerarbeit
Allgemeine Kompetenzen	die Sozialkompetenz schulen
Inhaltliche Kompetenzen	Vokabeln einüben

Les élèves découpent les dominos et l'enseignant donne un champ lexical. Les élèves notent dans la case grise un mot français, dans la case blanche un autre mot allemand, mais pas la traduction du mot français.

Attention Chaque mot français doit avoir son équivalent allemand dans une des cases blanches.

Exemple

thé	Marmelade

jus d'orange	Butter

confiture	Orangensaft

beurre	Tee

Premier pas: Les élèves jouent en groupes de deux. Chaque tandem mélange ses dominos. Ensuite, chacun reçoit exactement la moitié des dominos.

Deuxième pas: Un élève commence et pose un domino au milieu de la table. L'autre pose à l'une des extrémités un de ses dominos dont l'une des parties a un mot qui convient. S'il ne peut pas poser un domino, c'est de nouveau le tour du premier joueur.
Le premier qui n'a plus de dominos a gagné.

Domino – cartes vierges

Domino avec aliments et couleurs

rot	la tomate

die Tomate	jaune

gelb	la salade

der Salat	violet,te

violett	la courgette

die Zucchini	gris,e

grau	la pêche

der Pfirsich	marron

braun	la carotte

die Karotte	noir,e

schwarz	la fraise

die Erdbeere	vert,e

grün	le yaourt

der Yoghurt	bleu,e

blau	la viande hachée

das Hackfleisch	blanc,che

weiß	le gâteau

der Kuchen	rosé,e

rosa	le pain

das Brot	rouge

Webcode: FF017294-004

2.16   Le foot des mots

Ziel/Leitidee	spielerisch Vokabeln, Zahlen oder Verbformen wiederholen
Lernjahr	ab 1. Lernjahr
Material	Fußballfeld auf Folie oder als Datei für Beamer, 1 Spielstein
Sozialform	Plenum
Inhaltliche Kompetenzen	Vokabeln, Zahlen oder Verbformen einüben

Premier pas: La classe est divisée en deux groupes, qui jouent l'un contre l'autre. Tous les membres d'un groupe reçoivent un numéro. Dans chaque groupe il y a donc un numéro 1, un numéro 2 etc. S'il reste un élève, il vient au tableau et va noter le nombre de goals.

Deuxième pas: Vous donnez alors un mot allemand du nouveau vocabulaire ou la définition d'un mot en français. Les élèves réfléchissent un certain temps. Ensuite, vous dites un chiffre entre 1 et x (au maximum la moitié des élèves de la classe), p. ex. 3. Alors les deux élèves qui ont le numéro 3 jouent l'un contre l'autre.

Troisième pas: Celui des deux qui donne la bonne réponse le premier peut placer le pion de son groupe en direction du goal du groupe adversaire.

Quatrième pas: Si la prochaine fois un élève du groupe adversaire donne la bonne réponse, le pion est alors placé dans la direction inverse.

Remarque Lors d'un jeu vous devrez nommer chaque numéro au moins une fois.

Variante 1
Pour rendre le jeu plus difficile, le professeur peut aussi poser des questions (voir «Cartes de questions») auxquelles les élèves doivent répondre.

Variante 2
Les élèves eux-mêmes peuvent formuler des questions et bien sûr aussi les réponses correspondantes.

Terrain de football

Le foot des mots – cartes de questions

1. Le participe du verbe *cueillir*.	13. Nommez cinq sports différents.
2. Nommez cinq légumes.	14. Le participe passé du verbe *devoir*.
3. Nommez deux pays francophones.	15. L'impératif du verbe *s'asseoir* (2e p. pl.).
4. Nommez cinq villes françaises.	16. Nommez un film français.
5. Un synonyme du mot *endroit*.	17. L'antonyme du verbe *divorcer*.
6. L'antonyme du mot *haine*.	19. L'antonyme de l'adjectif *intelligent*.
7. Nommez trois régions françaises.	17. Un synonyme du verbe *se reposer*.
8. 1er p. sg. imparfait du verbe *écrire*.	20. L'antonyme de l'adjectif *beau*.
9. 3e p. pl. subjonctif du verbe *faire*.	21. Le comparatif de l'adjectif *bon*.
10. 1er p. sg présent du verbe se *plaindre*.	22. Le comparatif de l'adjectif *mauvais*.
11. Nommez deux musiciens français.	23. Le gérondif du verbe *avoir*.
12. Nommez trois animaux.	24. Nommez deux spécialités françaises.

Webcode: FF017294-005

2.17 Noms et chiffres

Ziel/Leitidee	französische Vornamen einüben
Lernjahr	ab 1. Lernjahr
Material	Liste mit französischen Vornamen
Sozialform	Plenum
Allgemeine Kompetenzen	Konzentrationsfähigkeit und genaues Zuhören schulen
Inhaltliche Kompetenzen	Sprechen üben

Premier pas: Un élève dit un prénom français et un chiffre, p. ex. *Manon-deux.*

Deuxième pas: Le prochain élève doit alors chercher un prénom qui commence par la lettre *a,* qui est la deuxième lettre de Manon. Il doit, lui aussi, ajouter un chiffre, p. ex. *Antoine-sept,* etc.

Liste de prénoms français

Claire	Mathieu
Marie	Luc
Martine	Pierre
Julie	Stéphane
Amélie	Charles
Lucie	Clément
Pauline	Farid
Danielle	Frédéric
Emilie	Cyril
Sandrine	Paul
Laure	Florent
Audrey	Daniel
Nathalie	Victor
Anaïs	Alain
Caroline	Valentin
Elodie	Simon
Rose	Pascal
Amandine	Christophe
Isabelle	Jérôme

2.18   Jeu des quatre coins

Ziel/Leitidee	Vokabeln oder Verbformen einüben
Lernjahr	ab 1. Lernjahr
Material	Schulbücher
Sozialform	Plenum
Allgemeine Kompetenzen	Konzentrationsfähigkeit und genaues Zuhören schulen
Inhaltliche Kompetenzen	Vokabeln und Verbformen trainieren

Premier pas : Quatre élèves se placent dans les quatre coins de la salle de classe.

Deuxième pas : Leurs camarades ouvrent leurs livres aux pages de la liste du vocabulaire. L'un après l'autre, ils font l'interrogation du vocabulaire déjà connu. Un élève donne un mot en allemand. Les quatre élèves dans les coins doivent donner l'équivalent français. Celui qui est le premier avance d'un coin en sens horaire. Ainsi, il jette l'élève de ce coin hors du jeu. Si plusieurs élèves prononcent le mot en même temps, personne ne peut avancer.

Troisième pas : Celui qui reste le dernier a gagné. Il peut nommer les quatre élèves suivants qui participent au jeu.

2.19   Bingo des mots

Ziel/Leitidee	Wortschatz wiederholen
Lernjahr	ab 1. Lernjahr
Material	keines
Sozialform	Einzelarbeit/Plenum
Inhaltliche Kompetenzen	Vokabeln wiederholen und einüben

Premier pas : Chaque élève dessine une grille bingo contenant 3x3 cases.

Deuxième pas : Les élèves notent dans chaque case un mot du nouveau vocabulaire en français. Un mot ne peut figurer qu'une seule fois. Vous ou un élève énonce à haute voix le nouveau mot de vocabulaire en allemand.

Troisième pas : Les élèves rayent ces mots énoncés s'ils apparaîssent dans leur propre grille. Le premier à avoir rayé tous les mots d'une même ligne ou d'une même colonne ou bien l'intégralité de ses mots (selon les variantes) crie « bingo » pour annoncer qu'il vient de gagner.

> **Variante**
> Pour rendre le jeu un peu plus difficile, vous pouvez énoncer au lieu de
> l'équivalent allemand une définition en français ou un synonyme ou antonyme.

2.20 Bingo

Ziel/Leitidee	Zahlen verstehen
Lernjahr	ab 1. Lernjahr
Material	pro Schüler 1 Bingoblatt, Bleistift und Radiergummi
Sozialform	Einzelarbeit/Plenum
Inhaltliche Kompetenzen	Hörverstehen von Zahlen üben

Premier pas: Chaque élève reçoit la fiche de travail *bingo*. Il marque six chiffres avec
une croix.

Deuxième pas: Vous énoncez alors à haute voix les chiffres de la fiche de travail, mais
pas dans le bon ordre. En même temps les élèves encadrent les chiffres que le professeur
a énoncés sur leur grille.

Troisième pas: Aussitôt qu'un élève a encadré tous les chiffres qu'il avait marqués avant,
il crie:

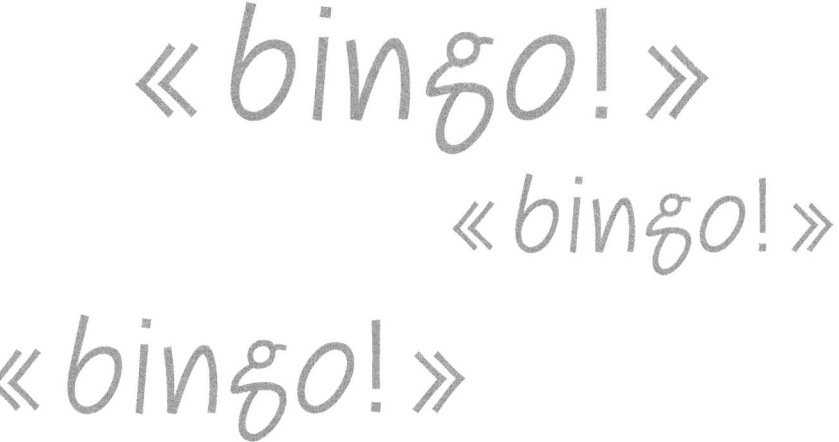

Jouer au bingo

79	54	19	99	34	18	11	91
65	87	12	13	29	100	42	88
74	32	72	96	66	20	25	27
89	94	92	49	44	57	55	37
77	71	14	56	78	15	93	15

111	89	912	328	734	762	286	258
740	321	448	206	305	169	296	652
323	230	143	958	472	195	617	534
159	857	240	754	785	357	205	739
876	306	356	544	928	490	849	993

2.21   La patate chaude

Ziel/Leitidee	Wortschatz oder Verbformen wiederholen
Lernjahr	ab 1. Lernjahr
Material	ca. fünf kleine Bälle
Sozialform	Gruppenarbeit
Inhaltliche Kompetenzen	Vokabeln oder Verbformen einüben

Premier pas: Divisez la classe en groupes de 5. Chaque groupe forme un cercle. Un élève doit prendre le ballon = «la pomme de terre chaude».

Deuxième pas: L'enseignant indique un champ lexical et limite le temps du jeu, p. ex. 2 minutes. L'élève qui tient «la pomme de terre chaude» doit dire très vite un nom du champ lexical. Si le mot est correct, il passe «la pomme de terre chaude» à son voisin (dans le sens des aiguilles d'une montre). Si le mot n'est pas correct, il doit chercher un autre. Ce sont les camarades qui contrôlent.

Troisième pas: Celui qui tient «la pomme de terre chaude» quand le temps du jeu est passé, est éliminé du jeu. Ceux qui ont quitté le jeu, peuvent aider les autres. On joue jusqu'à ce qu'il ne reste qu'un seul élève.

> Variante
> Au lieu d'un champ lexical, vous pouvez écrire au tableau des verbes que les élèves doivent conjuguer.

2.22   La place à ma droite

Ziel/Leitidee	Zahlen verstehen und einüben
Lernjahr	ab 1. Lernjahr
Material	Kärtchen mit Zahlen von 1 bis x (Anzahl der Schüler in der Klasse)
Sozialform	Plenum
Allgemeine Kompetenzen	Aufmerksamkeit trainieren
Inhaltliche Kompetenzen	Zahlen einüben

Premier pas: Les élèves forment un cercle. Vous distribuez à chacun une carte sur laquelle est écrit un chiffre.

Deuxième pas : Une place à la droite d'un élève reste libre. Cet élève commence. Il pose un exercice de calcul facile et il dit p. ex. : « La place à ma droite est libre, j'aimerais avoir 2 + 5. » Les autres calculent et celui qui a le chiffre 7 sur sa carte s'assoit sur la place libre.

Troisième pas : Celui dont la place droite est libre continue.

2.23   Jeu de fiche

Ziel/Leitidee	Vokabeln einüben
Lernjahr	ab 1. Lernjahr
Material	1 Karteikarte pro Schüler mit französischer Vokabel
Sozialform	Plenum/Partnerarbeit
Inhaltliche Kompetenzen	Vokabeln einüben, Sprechfertigkeit trainieren

Distribuez les cartes aux élèves. Les élèves se promènent dans la salle de classe et interrogent leurs camarades : ils leur donnent l'équivalent allemand, un synonyme, un antonyme ou une définition. Après avoir dit le mot français, ils échangent leurs cartes et cherchent un autre partenaire.

Variante
Les élèves eux-mêmes notent des mots sur les cartes.

2.24   Entraîner sa mémoire

Ziel/Leitidee	Vokabeln eines Wortfeldes einüben
Lernjahr	ab 1. Lernjahr
Material	ca. 15 verschiedene Gegenstände oder Abbildungen von Gegenständen auf Folie oder als Datei für Beamer, Tuch zum Abdecken
Sozialform	Einzel- und Partnerarbeit
Inhaltliche Kompetenzen	Gedächtnis schulen

Premier pas : Posez quinze objets sur le bureau de sorte que tout le monde puisse bien les voir. Demandez aux élèves de les observer attentivement pendant deux minutes.

Deuxième pas : Une fois que le temps imparti s'est écoulé, couvrez les objets. Maintenant, les élèves doivent noter les objets dont ils se rappellent. Après une minute, ils échangent leur liste avec leur voisin.

Troisième pas : Découvrez les objets et les élèves contrôlent s'ils ont noté tous les objets. Un élève écrit le nom des objets au tableau, les autres contrôlent s'ils ont bien écrit les mots.

Variante
Deux élèves écrivent au tableau sans que les autres voient ce qu'ils notent.

2.25 Mot croisés à deux

Ziel/Leitidee	Zahlen einüben
Lernjahr	ab 2. Lernjahr
Material	zwei verschiedene Arbeitsblätter je Schülertandem
Sozialform	Partnerarbeit
Inhaltliche Kompetenzen	Vokabeln sowie Zahlen wiederholen und einüben

Premier pas : Les élèves se mettent en groupes de deux. Chaque groupe reçoit deux fiches de travail différentes (élève A la fiche A, élève B la fiche B). Chacun garde sa fiche pour soi.

Deuxième pas : L'élève A commence : il explique en français un mot vertical. D'abord, il indique le numéro : le numéro 1 est un verbe/adjectif/substantif que …

Troisième pas : Si l'élève B connaît le bon mot, il le note dans la grille. S'il ne le connaît pas, l'élève A lui explique un autre mot.

Quatrième pas : Ensuite l'élève B explique un mot horizontal. L'élève A le note dans sa grille et ainsi de suite.

Remarque Utilisez ce jeu pour réviser le nouveau vocabulaire ou les formes de verbes irréguliers.

Cinquième pas : De plus ce jeu est très utile pour les grandes classes parce que tout le monde travaille et parle en même temps.

Mots croisés à deux : élève A

7 INTERRO

9 INFIRMIERE

4 CANTINE

8 SECRETARIAT

6 ELEVE

5 BIBLIOTHEQUE

3 ECOLDIE

2 MANUEL

1 STYLO

10

11

12

13

14

15

16

17

18

19

20

Webcode: FF017294-007

Mots croisés à deux : élève B

2.26   Chez la voyante

Ziel/Leitidee	*futur-simple*-Formen einüben
Lernjahr	ab 2. Lernjahr
Material	Glaskugel, Tischtuch, Kopftuch, Fragekärtchen
Sozialform	Partnerarbeit
Allgemeine Kompetenzen	Kreativität fördern
Inhaltliche Kompetenzen	Sprechfertigkeit und *futur-simple*-Formen trainieren

Premier pas: On pose la boule de cristal sur la nappe. Un élève joue le voyant. Il se met le voile sur la tête.

Deuxième pas: Un élève va chez le voyant et lui pose – à l'aide des cartes – des questions concernant son futur, p. ex.: *Serai-je riche dans dix ans? Aurai-je des enfants? Serai-je célèbre? Comment sera ma vie dans cinq ans?* Le voyant répond en détail aux questions.

Remarque Invitez les élèves à jouer vraiment leur rôle, c'est-à dire à faire attention à leur mimique, à leurs gestes etc.

2.27   Etre curieux,euse

Ziel/Leitidee	Kommunikation fördern
Lernjahr	ab 2. Lernjahr
Material	Kärtchen
Sozialform	Plenum
Allgemeine Kompetenzen	Aussprache und Zuhören schulen
Inhaltliche Kompetenzen	mündliche Sprechfertigkeit trainieren

Premier pas: Les élèves forment un cercle. Vous distribuez à chacun une carte sur laquelle les élèves écrivent leur nom. On pose toutes les cartes au milieu, les unes sur les autres.

Deuxième pas: De nouveau, vous distribuez à chaque élève une carte. Cette fois-ci les élèves notent une question qu'ils veulent poser à un de leurs camarades sur la carte.

> Exemples
> *Qu'est-ce que tu aimes particulièrement?*
> *Quel est ton plus grand souhait?*
> *Est-ce que tu aimes les B.D.?*
> *Quel est ton film préféré?*
> *Est-ce que tu aimes aller à l'école?*
> *Quel est ton repas préféré?*
> *Qu'est-ce que tu veux faire dans la vie?*

Troisième pas: On mélange les cartes et les pose aussi au milieu. Un élève pioche une carte dans la pile 1 (question) et une carte dans la pile 2 (nom). Celui dont le nom figure sur la carte doit répondre à la question.

2.28 Pantomime

Ziel/Leitidee	Wörter pantomimisch darstellen und diese erraten
Lernjahr	ab 2. Lernjahr
Material	Kärtchen mit Verben oder Nomen
Sozialform	Plenum oder Gruppen
Allgemeine Kompetenzen	darstellerische Fähigkeiten schulen

Un élève tire une carte et mime le mot sur la carte à ses camarades. Ceux-ci doivent deviner de quoi il s'agit. L'élève qui devine le mot, doit formuler toute une phrase qui contient ce mot.

Vous pouvez aussi diviser la classe en deux groupes qui jouent l'un contre l'autre. Après une minute, si le groupe n'arrive pas à trouver le mot, le groupe adversaire obtient le point.

> **Remarque** Bien entendu, il est plus facile de mimer les actions, les animaux, les moyens de transport que des mots concernant le lexique de la nourriture, de la ville, de la maison etc.

> Variante 1
> Vous pouvez inviter les élèves à poser quelques questions au mime auxquelles celui-ci ne peut répondre que par oui ou non, p. ex.:
> *Tu es un animal?*
> *Tu es petit,e?*
> *Tu es un objet ménager?*

Variante 2
Au lieu de mimer le mot sur la carte, l'élève fait le bruit qui, selon lui, est lié à ce mot.

Variante 3
Quelques élèves lisent le texte du manuel à haute voix. D'autres élèves « traduisent » le texte simultanément en gestes et mouvements.

2.29   Former des paires

Ziel/Leitidee	Zeitformen wiederholen
Lernjahr	ab 2. Lernjahr
Material	Kärtchen mit Verben (zwei weniger als Schüler in der Klasse sind)
Sozialform	ganze Klasse
Allgemeine Kompetenzen	Gedächtnisleistung trainieren und Aussprache schulen
Inhaltliche Kompetenzen	grammatische Zeitform einüben

Premier pas : Deux élèves quittent la salle de classe. Distribuez aux autres élèves qui forment un cercle les cartes.

Deuxième pas : Les élèves entrent dans la salle de classe. L'élève A commence et demande à un de ses camarades : « *Qu'est-ce que tu as fait hier ?* » ou « *Qu'est-ce que tu feras demain ?* » L'élève répond en utilisant le verbe sur sa carte. L'élève A demande encore à un autre élève ce qu'il a fait hier. Si cet élève donne la même réponse, l'élève A peut garder les deux cartes de ces élèves, si non, c'est le tour de l'élève B de poser la question à deux autres camarades.

Troisième pas : Celui qui a le plus de cartes a gagné.

2.30   La bataille navale

Ziel/Leitidee	Verbformen wiederholen
Lernjahr	ab 2. Lernjahr
Material	1 Arbeitsblatt pro Schüler
Sozialform	Partnerarbeit
Allgemeine Kompetenzen	Aussprache und genaues Zuhören schulen
Inhaltliche Kompetenzen	Verbformen einüben

Premier pas: Les élèves se mettent en groupes de deux. Chacun reçoit une fiche avec une grille et pose ses bateaux selon les indications. Le partenaire ne doit surtout pas voir les bateaux de son camarade.

Deuxième pas: Maintenant, les élèves doivent chercher les bateaux de leurs partenaires en posant des questions, p. ex.: *Est-ce que tu as 'tu fasses'?* S'il a touché un des bateaux de son partenaire, il le marque dans sa grille et peut poser une autre question. Si-non, c'est le tour de l'élève B.

Troisième pas: Celui qui a trouvé le premier tous les bateaux de son partenaire a gagné.

être	faire	aller	savoir	prendre	boire

La bataille navale – grilles

Pose tes bateaux (en diagonale, en verticale, en horizontale). Ton partenaire ne doit pas voir la position de tes bateaux.
Tu as les bateaux suivants :
- un bateau de deux personnes (2 verbes)
- un bateau de trois personnes (3 verbes)
- un bateau de quatre personnes (4 verbes)

Grille de l'élève A
Ici, l'élève A marque ses bateaux, l'élève B marque ici ses coups réussis.

être	faire	aller	savoir	prendre	boire
sois	fasse	aille	sache	prenne	boive
sois	fasses	ailles	saches	prennes	boives
soit	fasse	aille	sache	prenne	boive
soyons	fassions	allions	sachions	prenions	buvions
soyez	fassiez	alliez	sachiez	preniez	buviez
soient	fassent	aillent	sachent	prennent	boivent

Grille de l'élève B
Ici, l'élève B marque ses bateaux, l'élève A marque ici ses coups réussis.

être	faire	aller	savoir	prendre	boire
sois	fasse	aille	sache	prenne	boive
sois	fasses	ailles	saches	prennes	boives
soit	fasse	aille	sache	prenne	boive
soyons	fassions	allions	sachions	prenions	buvions
soyez	fassiez	alliez	sachiez	preniez	buviez
soient	fassent	aillent	sachent	prennent	boivent

3 Compréhension écrite

Das Lesen und das Leseverstehen sind Voraussetzung für die Bearbeitung verschiedenster Aufgaben und unabdingbar für die eigene Sprachproduktion. In der Fremdsprache nimmt das Leseverstehen daher eine zentrale Rolle ein und muss von Anfang an geübt werden, um schließlich mit steigendem Sprachniveau in immer komplexere Aufgabenformen zu münden.

In diesem Kapitel wird der Tatsache Rechnung getragen, dass der Textbegriff weit gefasst ist und z.B. auch Statistiken «gelesen» werden können. Zudem soll ebenso nicht nur das reine, nicht zweckgebundene Lesen, sondern im selben Maße die Freude an der Sprache gefördert werden. Konkrete Beispiele für Leseverstehensübungen zu Werken der modernen Literatur sowie Aktivitäten zu Sachtexten können in abgewandelter Form auf vielerlei Textsorten angewendet werden.

3.1 Associations lexicales

Ziel/Leitidee	Vorwissen zu einem bestimmten Thema aktivieren, Vokabeln wiederholen
Klassenstufe	ab 1. Lernjahr
Material	Bild von einer Wohnung bzw. einem Jungen in einer Wohnung o. Ä., Text «L'anniversaire»
Sozialform	Partnerarbeit/ganze Klasse
Inhaltliche Kompetenzen	über die Themen Wohnung und Familie sprechen
Allgemeine Kompetenzen	freies Sprechen üben

Premier pas: Projetez une image au mur et donnez un peu de temps aux élèves pour trouver (à deux) environ dix mots associés à l'image (qui peut être un dessin ou bien une photo). Ensuite, dites-leur de comparer les mots trouvés avec ceux de leurs camarades les plus proches.

Deuxième pas: Ensemble, collectionnez le vocabulaire connu sur les champs lexicaux «maison» et «famille», tout en ajoutant des mots encore inconnus qui pourraient avoir quelque rapport avec l'histoire.

> **Remarque** Profitez de l'occasion pour faire parler les élèves de leurs propres familles, de leurs animaux domestiques ou maisons/appartements. Vous pourriez aussi les encourager à trouver un titre pour l'image. En ce qui concerne le vocabulaire, si vous avez le temps, vous pouvez leur dire de trouver aussi des verbes ou des adjectifs, puisque les élèves ont toujours tendance à ne chercher que des substantifs.

3.2   Du titre au sujet

Ziel/Leitidee	Vorerwartung an einen Text aufbauen
Lernjahr	ab 1. Lernjahr
Material	Text « L'anniversaire »
Sozialform	Plenum
Allgemeine Kompetenzen	über das Thema Geburtstag sprechen, Monate, Datum
Inhaltliche Kompetenzen	freies Sprechen

Premier pas : Ecrivez le titre de l'histoire au tableau. Demandez aux élèves quel jour ils sont nés (c'est une bonne occasion pour répéter les mois !) et comment ils fêtent leur anniversaire. Demandez-leur aussi quels cadeaux ils ont déjà reçus ou quels cadeaux ils aimeraient recevoir pour leur anniversaire.

Deuxième pas : Présentez un « Paul imaginaire » aux élèves et dites-leur de faire une liste de cadeaux possibles avec lesquels on pourrait faire plaisir à un garçon de son âge.

Variante
Vous pourriez aussi préparer une liste de « cadeaux » sur transparent qui contient quelques-uns des objets contenus dans l'histoire en chamboulant les lettres et en « emballant » chacun des ces mots :

Exemples

L'anniversaire

C'est le jour de son anniversaire et il ne veut plus rester au lit. Il regarde le réveil sur la petite table à côté de son lit : 6 : 30 seulement. En plus, on est dimanche et tout le monde dort encore. Qu'est-ce que c'est embêtant ! Il sort de son lit et enfile ses pantoufles. Sans faire de bruit, il ouvre la porte de la chambre et regarde dehors : rien. Personne. Le couloir est vide. Il va vers la salle de bains pour voir si quelqu'un est en train de prendre une douche, mais le robinet est bien fermé. Il descend l'escalier et entre dans la salle de séjour. Elle lui paraît énorme si tôt le matin, avec sa grande table en bois, les six chaises, le canapé noir devant la télé et la cheminée. Sur la table, une bouteille de vin et deux verres traînent encore de la veille. Il traverse la pièce pour arriver à la cuisine. Son regard tombe sur l'horloge accrochée au dessus du frigo : 7 h moins le quart et pas un bruit qui arrive des chambres de sa sœur et de ses parents. Pourtant, il ne veut plus attendre. Il a envie de savoir quels cadeaux ses parents vont lui offrir. Il se tourne pour remonter l'escalier quand il voit quelque chose de noir sous le buffet de la cuisine. Et ce quelque chose de noir bouge ! Il s'approche et il regarde de plus près. Il n'est plus seul : deux yeux verts le fixent. Il allonge sa main. Une toute petite tête aux oreilles pointues sort du dessous du buffet, un petit nez se rapproche de sa main pour faire sa connaissance.

Ça y est !

Il ne pense plus à son anniversaire, ni à ses cadeaux : il touche le poil lisse de la créature et elle se laisse aller contre sa main. Tout d'un coup, sa main touche un truc autour du cou de son nouvel ami : C'est un petit collier avec une plaque, et sur cette plaque il peut lire les mots :
Bon anniversaire, Paul ! Moi, c'est Paulette et je suis à toi maintenant.
Paul sourit.

3.3   Dictée d'image

Ziel/Leitidee	Vorwissen zu einem bestimmten Thema aktivieren, Vokabeln wiederholen
Klassenstufe	ab 1. Lernjahr
Vorkenntnisse	vorher angefertigte Folie mit dem angefertigten Bild, Text
Sozialform	ganze Klasse
Inhaltliche Kompetenzen	Hörverstehen, freies Sprechen schulen
Allgemeine Kompetenzen	Präpositionen/Ortsangaben und Wortschatz zum Thema Wohnen beherrschen

Premier pas : Dites aux élèves que vous allez leur «dicter» une image qu'ils vont dessiner selon vos instructions. Donnez un transparent à un/e élève pour pouvoir comparer son résultat avec le transparent que vous avez déjà préparé à la maison. «Dictez» l'image aux élèves.

Deuxième pas : Comparez l'image que l'élève a réalisée avec l'original et commencez à activer leurs connaissances linguistiques sur le sujet. Ensuite, entamez la lecture du texte.

> Variante
> Il est également possible de donner l'image originale à un élève compétent qui va vous remplacer dans la «dictée».

→ *Voir 4.11, 4.16 et 4.18*

3.4   Histoire illustrée

Ziel/Leitidee	Vorerwartung an einen Text aufbauen
Lernjahr	ab 2. Lernjahr
Material	Bilderreihe, Symbolreihe
Sozialform	Partnerarbeit/Gruppenarbeit
Allgemeine Kompetenzen	Wortschatz zu den Zeichnungen bilden
Inhaltliche Kompetenzen	freies Sprechen üben

Dessinez une série d'images ou de symboles ayant quelque rapport avec l'histoire que vous allez lire et donnez-en des copies aux élèves. A deux ou à plusieurs, ils doivent imaginer les événements de l'histoire. C'est seulement après leurs hypothèses qu'ils liront (chacun pour soi ou ensemble) l'histoire et retrouveront la signification des symboles et pourront vérifier leurs hypothèses.

Exemples pour le texte « Le cadeau »

 un réveil ou bien simplement l'heure indiquée : 6h30

 un lit

 des pantoufles

 une douche ou un robinet

 un escalier

 une table avec des chaises

 la cuisinière ou n'importe quel objet typique d'une cuisine

 le buffet et quelque chose qu'on aperçoit en dessous (peut-être la queue du chat), mais qui n'est pas bien clair

 un cadeau

→ *Voir aussi 6.11*

3.5   Devinette : Pourquoi Paul s'est-il levé aussi tôt aujourd'hui ?

Ziel/Leitidee	Vorerwartung an einen Text aufbauen
Lernjahr	ab 1. Lernjahr, beliebig anpassbar
Material	Tafel, Text « L'anniversaire » (oder einen beliebigen literarischen bzw. Lektionstext)
Sozialform	Partnerarbeit
Allgemeine Kompetenzen	Mutmaßungen anstellen können
Inhaltliche Kompetenzen	freies Sprechen

Premier pas : Sans mot dire, vous écrivez la question au tableau. Ensuite, vous encouragez vos élèves à trouver une réponse.

Deuxième pas : Vous lisez le texte jusqu'à ce que vous trouviez la réponse à la question.

Exemples
- *parce qu'il n'a pas entendu son réveil*
- *parce qu'il ne pouvait plus dormir*
- *parce qu'il voulait préparer le petit-déjeuner pour sa famille*
- *parce qu'il avait entendu un bruit*

Variante 1
Vous dites à vos élèves d'écrire – chacun pour soi – une réponse possible sur des petits papiers que vous ramassez par la suite. Vous lisez – ou faites lire à un ou deux élèves - les réponses.

Variante 2
Au lieu d'une, vous formulez plusieurs questions et donnez aux élèves différentes réponses parmi lesquelles ils doivent choisir.

3.6   Définir des mots-clés

Ziel/Leitidee	Vorwissen aktivieren, Paraphrasieren wiederholen bzw. üben
Lernjahr	ab 1. Lernjahr
Material	Tafel/Folie
Sozialform	ganze Klasse
Allgemeine Kompetenzen	fördert Paraphrasierungstechniken und das Erkennen von Schlüsselwörtern zur Erstellung von résumés

Premier pas: Choisissez les mots-clés dans le texte que vous lirez avec vos élèves. Définez-les en demandant à vos élèves de les noter. Il faut qu'ils les connaissent. Après, dites-leur de comparer leurs résultats et écrivez les mots au tableau.

Deuxième pas: Dites aux élèves de former une phrase en se servant des mots au tableau. Ecrivez-en quelques exemples au tableau. Ensuite, lisez le texte ensemble ou chacun pour soi, en soulignant les mots-clé déjà au tableau.

Variante 1
Au lieu de définir vous-même les mots-clés, vous pouvez aussi les présenter à vos élèves et les encourager à trouver leurs propres définitions ou bien charger un ou deux élèves de le faire.

Variante 2
Vous en faites un jeu de bingo en leur donnant une série de mots, dont les mots qui vous intéressent, et en leur disant de remplir leur grille bingo de ces mots.
→ *Voir 2.19*

3.7   Multiple choice

Ziel/Leitidee	Vorwissen aktivieren, Sachtexte leichter verstehen können
Lernjahr	ab 1. Lernjahr
Material	Arbeitsblätter bzw. Folie
Sozialform	Partnerarbeit
Allgemeine Kompetenzen	Weltwissen, Leseverstehen

Premier pas: Préparez quelques exercices du genre « multiple choice » sur le sujet dont il est question dans le texte que vous lirez ensemble et que vous distribuerez aux élèves. Dites-leur de les faire à deux. Ensuite, comparez les réponses.

Deuxième pas: Lisez le texte ensemble et vérifiez si les réponses étaient bonnes.

Exemple

Les couleurs de la Guadeloupe (« A plus! » 5, Cornelsen, séquence 1)

1. C'est en
a) 1762
b) 1493
c) 1868
que Christophe Colombe arrive à Marie Galante, en Guadeloupe.

2. Ce sont les
a) Anglais
b) Espagnols
c) Français
qui ont colonisé le pays.

3. L'esclavage a été aboli
a) en 1848
b) en 1900
c) en 1690

4. Aujourd'hui, la Guadeloupe est
a) un département français
b) une île indépendante
c) une partie du Royaume Uni.

5. On y parle
a) le français
b) une langue qui est un mélange entre le français et des langues africaines
c) le guadeloupéen, qui existe depuis toujours.

3.8 Entraînement pour une bonne mémoire

Ziel/Leitidee	Textvorbereitung mit Schlüsselwörtern
Lernjahr	ab 1. Lernjahr
Material	Folie bzw. PowerPoint, evtl. Musik
Sozialform	ganze Klasse
Allgemeine Kompetenzen	Weltwissen, Leseverstehen
Inhaltliche Kompetenzen	Gedächtnis stärken

Premier pas : Choisissez les mots-clés et écrivez-les sur un transparent (si vous avez le temps, faites une présentation PowerPoint). Découpez le transparent et projetez les mots l'un après l'autre, en les accompagnant éventuellement d'une chanson.

Deuxième pas : Ensuite, demandez aux élèves : Alors, quels mots avez-vous vus ? Ensemble, ils reconstruisent la liste des mots au tableau avant de spéculer sur le contenu du texte que vous allez lire.

3.9   Créativité « en bulles »

Ziel/Leitidee	Teile des Texts vorentlasten, Vorwissen aktivieren
Lernjahr	ab 2. Lernjahr
Material	Tafel
Sozialform	ganze Klasse, Einzelarbeit
Allgemeine Kompetenzen	Kreativität fördern

Premier pas : Choisissez quelques bouts de dialogue contenu dans le texte que vous allez lire ensemble (p. ex. « L'échange » dans « A plus ! » 2, Cornelsen). Commencez par dessiner des bulles au tableau pour éveiller la curiosité des élèves. Ensuite, écrivez les bouts de dialogue (dans ce cas sur le sujet « préparer un programme pour un échange scolaire ») dans les bulles et demandez aux élèves de deviner de quoi il est question dans le dialogue.

Deuxième pas : Dites aux élèves de lire le texte en silence, chacun pour soi, pour vérifier s'ils avaient raison.

Troisième pas : Ajoutez d'autres bulles à celles déjà au tableau.

Variante 1
Ne dessinez que les bulles au tableau et dites aux élèves le sujet du dialogue. C'est à eux-mêmes de les remplir.

Variante 2
Donnez aux élèves la tâche de « mettre en ordre » les bulles et de trouver ainsi le contexte. Pour faire ceci, il vaut mieux les écrire sur un transparent.

3.10   Des faits et des chiffres

Ziel/Leitidee	Neugierde auf ein Thema wecken, Vorentlastung von themengebundenem Vokabular in nicht-literarischen Texten
Lernjahr	ab 3. Lernjahr
Material	keines
Sozialform	Partnerarbeit, ganze Klasse
Allgemeine Kompetenzen	Zahlen wiederholen, über Statistiken sprechen

Premier pas: Choisissez quelques chiffres importants contenus dans le texte scientifique (article de journal, statistique) que vous allez lire. Ecrivez-les au tableau pêle-mêle. Ensuite, dictez aux élèves les faits auxquels ils se réfèrent et dites-leur d'associer les faits aux chiffres.

Deuxième pas: Donnez-leur le texte à lire en leur disant de vérifier si leurs idées correspondent à la réalité.

> Exemple: Visages de l'Afrique («A plus!» 5, Cornelsen, page 92)
> *Chiffres: 400; 39,5; 32; 10 000 000; 40, 4,79*
> *Faits: le pourcentage des Africains de la population globale; le nombre d'enfants par femme, la totalité des langues parlées; le nombre de villes très grandes; le nombre d'habitants des villes les plus peuplées; le nombre des personnes parlant le français en Afrique subsaharienne*

3.11   Cherchez l'intrus

Ziel/Leitidee	Wortschatzgruppen erarbeiten
Lernjahr	ab 1. Lernjahr
Material	Arbeitsblatt oder Folie
Sozialform	Einzelarbeit/Partnerarbeit
Allgemeine Kompetenzen	logische Zusammenhänge erkennen, Wortkategorien erkennen
Inhaltliche Kompetenzen	in der Fremdsprache Begründungen formulieren können

Demandez aux élèves quel,s mot,s d'un groupe n'en fait/n'en font pas partie et de justifier leur réponse. Dans un deuxième temps, vous pourriez les charger de trouver d'autres exemples pour ces catégories de mots.

Exemple pour le texte « l'anniversaire »
Soulignez l'intrus !
1. *dimanche, connaissance, anniversaire, jour*
2. *lit, pantoufles, buffet, chaise*
3. *bouger, s'approcher, attendre, allonger*
4. *salle de bains, chambre, cuisine, lit*
5. *verre, bouteille, robinet, table*
6. *petit, énorme, vide, dehors*
7. *sur, devant, dessous, tôt*
8. *prendre, remonter, sortir, entrer*

3.12   Enrichissement lexical à l'aide du dico

Ziel/Leitidee	eigenständiges Erarbeiten und Anwenden von Wortschatz im Vorfeld
Lernjahr	ab 4. Lernjahr
Material	zweisprachige Wörterbücher
Sozialform	Einzelarbeit/Partnerarbeit
Allgemeine Kompetenzen	Verwenden eines zweisprachigen Wörterbuchs

Premier pas : Montrez une liste avec les mots-clés d'un texte scientifique (article de journal p. ex.) aux élèves et dites leur de a) les chercher dans leurs dictionnaires et/ou b) de les utiliser correctement dans des phrases, toujours à l'aide du dictionnaire.

Deuxième pas : Les élèves lisent le texte en faisant bien attention au contexte dans lequel ces mots apparaissent.

3.13   Compléter un champ lexical

Ziel/Leitidee	Vokabular/Vorwissen zu einem Thema aktivieren, Wortschatz gezielt erweitern
Lernjahr	ab 1. Lernjahr
Material	Arbeitsblatt oder Folie
Sozialform	Partnerarbeit
Allgemeine Kompetenzen	Wörter kategorisieren, logisches Denken

Premier pas : Préparez une carte heuristique sur le sujet dont traite le texte à lire en laissant un peu de place pour les mots que les élèves doivent ajouter. Faites des photocopies pour les élèves ou dessinez-la sur un transparent.

Deuxième pas: Ensuite, dites aux élèves de trouver d'autres mots faisant partie de ce champ lexical.

Troisième pas: Les élèves lisent le texte et complètent la carte heuristique à l'aide des mots contenus dans le texte.

3.14 Changer d'opinion

Ziel/Leitidee	im Vorfeld der Lektüre den eigenen Standpunkt zu einem Thema formulieren, Vokabular aktivieren, zu einer Meinungsbildung kommen
Lernjahr	ab 4. Lernjahr
Material	keines
Sozialform	Einzelarbeit/ganze Klasse
Allgemeine Kompetenzen	Ausdrücke zur persönlichen Meinungsäußerung anwenden können

Premier pas: Ecrivez la question centrale abordée dans l'article de journal que vous allez lire en classe au tableau et donnez aux élèves quelques minutes pour réfléchir à cette question.
Révisez ensemble les expressions qu'il faut pour exprimer son opinion (A mon avis, selon moi, je pense que, je suis d'avis que, pour moi, …) Choisissez quelques élèves qui donneront leur avis sur ce sujet.

Deuxième pas: Lisez le texte pour savoir quelle est l'opinion de l'auteur sur le sujet. Reparlez-en.

3.15 Tout début est difficile

Ziel/Leitidee	Thema einführen, Vor- u. Weltwissen aktivieren
Lernjahr	ab 2. Lernjahr
Material	keines
Sozialform	ganze Klasse bzw. Einzelarbeit
Allgemeine Kompetenzen	Wissen festigen

Premier pas: Les élèves lisent seulement le début du texte (qui peut être un texte scientifique ou bien littéraire).

Deuxième pas: Discutez du contexte ou des questions abordées dans ce début de texte et faites des hypothèses sur son contenu avant de continuer la lecture.

Questions
De quoi s'agit-il dans ce début de texte?
Quelle(s) question(s) l'auteur aborde-t-il dans ce texte?
Quel est le sujet du texte que nous allons lire?

→ *Voir aussi 6.19*

3.16 Mettre en ordre des paragraphes

Ziel/Leitidee	Sinn für Gliederung und Struktur entwickeln
Lernjahr	ab 2. Lernjahr
Material	Arbeitsblatt mit bearbeitetem Text
Sozialform	Partnerarbeit
Allgemeine Kompetenzen	kursorisches Lesen

Premier pas: Découpez le texte selon les paragraphes (s'il y en a) ou en trouvant vos propres divisions. Ensuite, collez les pièces sur une feuille en changeant l'ordre des paragraphes et photocopiez-la.

Deuxième pas: Dites aux élèves de reconstruire l'ordre chronologique des passages.

Remarque Vous pouvez laisser de côté le titre du texte et essayer de trouver des titres possibles ensemble après avoir rétabli le bon ordre.

3.17 Salade de lettres

Ziel/Leitidee	Neugierde wecken
Lernjahr	ab 1. Lernjahr
Material	keines
Sozialform	ganze Klasse
Allgemeine Kompetenzen	Kreativität und Sprachgefühl fördern

Premier pas: Écrivez les lettres d'un mot représentatif contenu dans un texte ou bien celles du titre d'un texte au tableau en les chamboulant. Dites aux élèves de reconstruire le mot/le titre le plus vite possible.

Deuxième pas: Vous pouvez maintenant chercher le dialogue sur ce mot/titre ou bien tout de suite commencer la lecture pour connaître le rapport du texte avec le mot/titre.

> **Variante**
> Vous faites ceci avec différents mots apparaissant dans le texte et les élèves doivent reconnaître de quels mots il s'agit.

→ *Voir 8.2*

3.18   Voir la vie en miroir

Ziel/Leitidee	Neugierde wecken
Lernjahr	ab 1. Lernjahr
Material	Folie
Sozialform	ganze Klasse
Allgemeine Kompetenzen	Phantasie anregen

Premier pas : Montrez soit le titre soit quelques lignes du texte à lire aux élèves en projetant un transparent au mur « en miroir » pendant quelques secondes. Dites-leur de deviner de quoi il sera question dans le texte.

Deuxième pas : Remontrez-leur le transparent et lisez le début ensemble, pour ensuite continuer la lecture.

3.19   Des mots de sagesse

Ziel/Leitidee	Thema einleiten, Sprechanlass bieten
Lernjahr	ab 2. Lernjahr
Material	keines
Sozialform	ganze Klasse
Allgemeine Kompetenzen	Sprachgefühl, « Muttersprachlerwissen » aktivieren

Vous écrivez un proverbe ou une citation au tableau en demandant aux élèves de l'interpréter. Quand ils auront trouvé le sens du proverbe ou de la citation ou bien son équivalent allemand, vous leur dites d'écrire d'autres proverbes sur le même sujet ou bien vous commencez la lecture.

> **Exemple**
> *« On ne découvre pas de terre nouvelle sans consentir à perdre de vue, d'abord et longtemps, tout rivage. »* (André Gide)

3.20   Le monstre de la photocopieuse

Ziel/Leitidee	ergänzendes Lesen fördern
Lernjahr	ab 1. Lernjahr
Material	Arbeitsblätter für zwei Gruppen A und B
Sozialform	Partnerarbeit
Allgemeine Kompetenzen	Lesen trainieren

Choisissez un paragraphe ou quelques lignes du texte que vous voulez lire avec votre classe et photocopiez-le/les de sorte que la photocopieuse «mange» quelques lettres en marge. Faites ceci deux fois pour obtenir deux versions dans lesquelles manquent les lettres à droite ou à gauche respectivement. N'enlevez pas trop pour que cela ne soit pas trop difficile (selon le niveau des élèves). A deux, les élèves se lisent leurs versions l'un à l'autre et complètent par ce qui leur manque.

Variante

Vous pouvez aussi faire des «pancartes» sur un transparent à moitié couvertes ou des titres de journaux qui ne sont pas complètement lisibles pour avoir une introduction au sujet.

3.21   Théâtre en direct

Ziel/Leitidee	die Charakteristika eines Theaterstücks veranschaulichen
Lernjahr	ab 5. Lernjahr
Material	Folie
Sozialform	ganze Klasse
Allgemeine Kompetenzen	Kenntnisse der Dramaturgie erweitern

Premier pas: Sans dire mot ni donner d'explications, commencez à écrire sur un transparent le début d'une pièce de théâtre:

Scène: une salle de classe
Personnages: un professeur, 23 élèves

Professeur (à haute voix): *Bonjour tout le monde!*
Vous prononcez ces mots et attendez la réaction de la classe que vous noterez aussitôt sur votre transparent. Vous continuez ce jeu un peu, en incluant des remarques ou des réactions d'élève, comme p. ex.:

Élève (surpris) : « … »
Élève (se gratte la tête) : « … »

Deuxième pas : Vous lisez la première scène de la pièce de théâtre ensemble et discutez des caractéristiques des pièces de théâtre par comparaison avec p. ex. des romans.

3.22   Faire des présentations

Ziel/Leitidee	Neugierde wecken, Sprechanlass bieten
Lernjahr	ab 4. Lernjahr
Material	Tafel
Sozialform	Partnerarbeit
Inhaltliche Kompetenzen	Personenangaben machen können und sich über Beziehungen ausdrücken können

Ecrivez les noms des personnages de la pièce de théâtre, du roman ou de l'histoire au tableau en les plaçant de manière qu'après avoir lu le texte, les élèves comprennent le tableau. Donnez un peu de temps aux élèves pour imaginer quelles sont les relations qu'ils entretiennent les uns avec les autres.

Exemple

Monsieur Ibrahim	Momo	Brigitte Bardot (il est improbable que les élèves la connaissent)
• c'est le père de Momo • c'est un professeur de lycée	• c'est le fils de Monsieur Ibrahim • c'est un élève de Monsieur Ibrahim	• c'est l'amante de Monsieur Ibrahim • c'est la concierge du lycée

Variante
Les élèvent font le portrait des personnages (vous pouvez accompagner les noms de photographies).

→ *Voir aussi 5.4*

3.23 Film muet

Ziel/Leitidee	Inhalt eines Ausschnitts vorentlasten
Lernjahr	ab 4. Lernjahr
Material	Film
Sozialform	ganze Klasse
Allgemeine Kompetenzen	Kreativität, Bildbeschreibung, Vorgangsbeschreibung

Premier pas: Montrez la scène de la pièce de théâtre ou du roman que vous allez lire en version «film muet». Dites aux élèves de bien faire attention aux personnages et leurs actions ou attirez leur attention sur les détails qui vous sont importants.

Deuxième pas: Discutez de la scène visionnée, faites parler les personnages. Ensuite, lisez la scène.

> **Remarque** Vous pouvez appliquer cette méthode même si vous avez déjà commencé la lecture et que les personnages sont déjà connus. Cela vous permettra d'avoir une petite variation dans la lecture.

→ *Voir aussi 4.29*

3.24 Lecture sous-titrée

Ziel/Leitidee	schwierige Textpassagen bzw. Erstbegegnung erleichtern
Lernjahr	ab 5. Lernjahr
Material	Text in Original und deutscher Übersetzung
Sozialform	ganze Klasse
Allgemeine Kompetenzen	Vorlesen üben

Choisissez un élève (ou jusqu'à trois) qui lira avec vous la scène inconnue de l'histoire. Vous commencerez à lire un passage du texte en français que l'élève en question répétera en allemand et ainsi de suite.

> Variante
> Pour les débutants, vous pouvez vérifier s'ils ont compris les détails d'un texte en leur donnant les équivalents allemands de certaines expressions ou phrases et en leur disant de les trouver dans le texte français. (Wo steht, dass ….wo sagt X, dass ….)

3.25   La chasse au trésor lexical

Ziel/Leitidee	die Fülle (neuen) Wortschatzes durch fokussiertes Lesen reduzieren, mehrmaliges Lesen
Lernjahr	ab 2. Lernjahr
Material	keines
Sozialform	Einzelarbeit/Partnerarbeit/Gruppenarbeit
Allgemeine Kompetenzen	Kategorisieren von Wortschatz
Inhaltliche Kompetenzen	gezieltes Scannen bzw. Filtern eines Texts

Selon le texte, déterminez quatre à cinq catégories ou champs lexicaux (la nourriture, l'appartement, les vêtements, certains verbes qui décrivent certaines activités, des adjectifs etc.) et écrivez-les au tableau. Ensuite, les élèves cherchent des exemples pour chacune de ses catégories en lisant.

> Exemple de catégories pour le texte « L'anniversaire »
> *les meubles*
> *les pièces dans l'appartement*
> *les verbes du mouvement*
>
> Exemple de catégories pour le texte « Des vacances pour tous ! » (« A plus ! » 5, Cornelsen)
> *le travail*
> *les loisirs*
> *la politique*
>
> Exemple de catégories pour le texte « Les couleurs de la Guadeloupe »
> *la géographie*
> *la nature (la flore, la faune)*
> *le travail*
> *les hommes*

> Variante
> Donnez déjà une liste de mots (parmi ceux-ci, des mots contenus dans le texte) aux élèves, qu'ils distribueront sur les catégories.

3.26 Le lecteur polyglotte

Ziel/Leitidee	Worterschließungsstrategien fördern
Lernjahr	ab 1. Lernjahr
Material	Folie
Sozialform	Einzelarbeit/Partnerarbeit
Allgemeine Kompetenzen	Toleranzschwelle für unbekannte Texte aufbringen, Sprachbewusstsein
Inhaltliche Kompetenzen	Kenntnisse in der anderen Fremdsprache aktivieren können

Filtrez le texte à la recherche de mots apparentés à des mots anglais, allemands ou latins (selon la classe). Écrivez leur équivalents anglais, allemands ou latins sur un transparent. Les élèves cherchent les équivalents français ou bien des mots apparentés / de la même famille en lisant. Ainsi, il n'est plus nécessaire d'expliquer tous les mots inconnus.

Exemple: Les couleurs de la Guadeloupe («A plus!» 5, Cornelsen, page 10)

mot anglais	équivalent français
movement	
colony, colonise	
without mercy	
plantation	
to found	
to abolish	
to immigrate	
condition	
to mix, mixed	
river	
salted	
tropical	
vulcano	
agriculture	
cocoa	
cotton	

production	
culture, cultivate	
melon	
to modify	
contact	

3.27   Lire en survolant

Ziel/Leitidee	Thema eines unbekannten Textes erfassen, Globalverständnis sichern
Lernjahr	ab 3. Lernjahr
Material	Text
Sozialform	Einzelarbeit/ganze Klasse
Allgemeine Kompetenzen	kursorisches Lesen üben, Globalverstehen fördern

Premier pas: Dites aux élèves de survoler pendant quelques minutes le nouveau texte.

Deuxième pas: Les élèves referment les livres. Sans regarder le texte, les élèves vous dictent quelques faits ou informations contenus dans le texte que vous écrivez au tableau. Vous pouvez ensuite relire le texte ensemble et entrer dans les détails.

3.28   Lecture dirigée

Ziel/Leitidee	den Inhalt eines Texts methodisch erfassen
Lernjahr	ab 1. Lernjahr
Material	keines
Sozialform	Einzelarbeit
Allgemeine Kompetenzen	Schulung des sinnerfassenden Lesens

Avant la lecture, donnez aux élèves de une à trois questions guidant leur lecture et les faits importants. Ils doivent souligner ou colorier les informations recherchées.

Remarque Il est important que vous limitiez le temps de la lecture selon la longueur du texte pour faire en sorte que les élèves se focalisent sur la lecture et que vous obteniez le résultat voulu.

3.29   Vrai ou faux?

Ziel/Leitidee	vertieftes Textverständnis, zwischen den Zeilen lesen, Wortschatz hervorheben, aufs korrekte Zitieren vorbereiten
Lernjahr	ab 1. Lernjahr
Material	Arbeitsblatt
Sozialform	Einzelarbeit/Partnerarbeit
Inhaltliche Kompetenzen	Paraphrasieren

Préparez quelques affirmations vraies ou fausses sur le texte. Dites aux élèves de les lire avant d'entamer la lecture. Après avoir lu le texte, ils travaillent sur ces affirmations, seuls ou avec un partenaire, pendant un certain temps. Corrigez ensemble.

Remarque Pour faire en sorte que les élèves se rendent compte de certaines structures ou expressions, il est important que vous ne répétiez pas les mots du texte. Essayez toutefois de respecter l'ordre dans lequel les informations apparaissent dans l'original. Vous pouvez aussi ajouter la catégorie «pas dans le texte» ou bien leur demander de corriger les affirmations fausses ou de justifier leurs réponses en citant à partir du texte.

Exemple: «L'anniversaire»
Cochez la bonne réponse.

	vrai	faux	pas dans le texte
C'est le weekend.			
Paul se lève toujours tôt.			
Paul n'arrive plus à dormir.			
Paul est enfant unique.			
Il est seul à la maison.			
La chambre de Paul est à côté de la salle de séjour.			
Paul veut un chien pour son anniversaire.			
Paul a peur de la créature.			

3.30 In medias res

Ziel/Leitidee	Neugierde wecken
Lernjahr	ab 4. Lernjahr
Material	keines
Sozialform	ganze Klasse/Gruppenarbeit
Allgemeine Kompetenzen	Hypothesen formulieren

Premier pas: Choisissez une scène représentative dans l'histoire (un dialogue si possible) et donnez-la à lire à vos élèves.

Deuxième pas: Faites des hypothèses sur le contexte de cette scène:

- *Qui sont les personnages?*
- *De quoi parlent-ils?*
- *Où sont-ils?*
- *Qu'est-ce qui se passe?*

Troisième pas: Leur curiosité éveillée, les élèves commencent la lecture du texte pour vérifier leurs hypothèses.

Exemple 1: «Robert des noms propres» par Amélie Nothomb (Reclam 2004), page 8
- Tu d*evrais lui dire de chercher un boulot. Il va être père.*
- *Nous avons dix-neuf ans. C'est les parents qui paient.*
- *Ils ne vont pas payer éternellement.*
- *Pourquoi viens-tu m'embêter avec ces histoires?*
- *C'est important, quand même.*
- *Il faut toujours que tu viennes gâcher mon bonheur!*
- *Qu'est-ce que tu racontes?*
- *Et maintenant, tu vas me dire qu'il faut être raisonnable, et gnagnagna!*
- *Tu es folle! Je n'ai pas dit ça!*
- *Ça y est! Je suis folle! Je l'attendais, celle-là! Tu es jalouse de moi! Tu veux me détruire!*
- *Enfin, Lucette …*
- *Sors!*

Quatrième pas: Demandez aux élèves ce qu'ils croient avoir compris du contexte de cette scène, qui, à leur avis, sont les deux locuteurs et quelle relation ils entretiennent.

Exemple 2 : Yasmina Reza «Trois versions de la vie»: erschienen 2000 bei Éditions Albin Michel S.A. und Yasmina REZA

- *Je ne retournerai plus une seule fois, sache-le.*
- *Qu'est-ce qui se passe? À chaque fois que tu y vas, il pleure.*
- *Qu'est-ce que ça veut dire?*
- *Je ne sais pas. À chaque fois que tu vas dans sa chambre, il recommence à pleurer.*
- *Et alors?*
- *Quand moi j'y vais, il se calme, il s'apprête à s'endormir gentiment.*
- *Et quand moi, j'y vais, il hurle à la mort.*
- *Qu'est-ce que tu lui as dit?*
- *Pour qu'il hurle à la mort?*
- *Écoute, avoue que c'est curieux, on dirait que tu l'énerves à chaque fois.*
- *Tu sais ce qu'il voulait? Il ne voulait pas «un petit câlin», il voulait une histoire. Il voulait écouter une quatrième histoire en croquant sa pomme.*

Cinquième pas: Demandez aux élèves ce qu'ils croient avoir compris du contexte de cette scène, qui, à leur avis, sont les deux locuteurs et de qui ils sont en train de parler.

Variante

Vous pouvez aussi diviser la classe en groupes de 4 à 6 personnes et leur donner différentes scènes dont ils discuteront en groupe. Un délégué de chaque groupe présentera le contenu de sa scène et les hypothèses de son groupe à l'ensemble de la classe.

Remarque Choisissez des élèves qui savent bien articuler et lire à haute voix, sinon l'effet sera nul.

3.31　Le conférencier

Ziel/Leitidee	schwierige Textpassagen bzw. Erstbegegnung erleichtern
Lernjahr	ab 4. Lernjahr
Material	Wörterbücher
Sozialform	Stillarbeit
Allgemeine Kompetenzen	sinnhaftes Vorlesen und korrekte Aussprache üben, mit dem Wörterbuch umgehen können, Lautschrift erkennen können

Donnez le texte à lire aux élèves ou indiquez-leur le passage à préparer. Dites-leur de lire en silence pendant un certain temps, tout en vérifiant la prononciation et la signification de mots qui leur sont inconnus à l'aide d'un dictionnaire. Ensuite, choisissez quelques «lecteurs» qui liront leurs passages à haute voix. Les autres élèves auront la tâche de vérifier s'il y a eu des erreurs de prononciation.

Remarque Cet exercice peut démontrer l'importance d'une prononciation et articulation correctes tout en menant à une compréhension plus détaillée du texte. Pour ne pas embarrasser les élèves, vous pouvez aussi leur dire de se chercher leur «coin de lecture» dans la salle de classe et faire l'exercice en petits groupes en alternant les lecteurs. Quelquefois se mettre debout ou dans une position différente par rapport à celle qu'on adopte normalement (assise, le regard vers le professeur) permet d'être plus détendu,e.

3.32   Traduire dans une autre langue étrangère

Ziel/Leitidee	kontrastive Sprachbetrachtung, Bewusstmachen der Schwierigkeit der Übersetzung von literarischen Texten
Lernjahr	ab 5. Lernjahr
Material	Wörterbücher, Text in der Übersetzung der jeweiligen Sprache
Sozialform	Gruppenarbeit
Allgemeine Kompetenzen	Förderung des Sprachbewusstseins, Förderung des richtigen Umgangs mit dem ein- bzw. zweisprachigen Wörterbuch

Divisez la classe en petits groupes de 4 ou 5 personnes qui se chargeront de la traduction de différentes parties du texte (de la pièce de théâtre ou du roman) en allemand ou une autre langue qu'ils apprennent (normalement, l'anglais ou bien l'italien ou l'espagnol). Ensuite, comparez leurs versions avec les versions originales et évaluez-les.

3.33   Comprendre et compléter

Ziel/Leitidee	Textverständnis sichern
Lernjahr	ab 2. Lernjahr
Material	präparierter Text
Sozialform	Partnerarbeit/Stillarbeit
Allgemeine Kompetenzen	Kontextualisierung bzw. ergänzendes Lesen fördern

Donnez aux élèves le texte dont vous aurez enlevé ou bien rendu illisibles quelques mots, expressions ou bouts de phrases. Dites-leur de compléter le texte à deux ou seuls en tenant compte du contexte. Ensuite, comparez avec l'original.

→ *Voir 3.20*

3.34 Interpréter et traduire en mots des statistiques et graphiques

Ziel/Leitidee	Statistiken und Grafiken richtig interpretieren
Lernjahr	ab 4. Lernjahr
Material	Arbeitsblatt, verschiedene Statistiken zu einem Thema
Sozialform	Partnerarbeit/Gruppenarbeit
Inhaltliche Kompetenzen	themenspezifisches Vokabular, Vertrautheit mit der Art der Darstellung

A deux ou en petits groupes, les élèves essaient de traduire les informations contenues dans les statistiques en phrases complètes. S'ils travaillent en groupes, vous pouvez leur donner plusieurs statistiques différentes sur le même sujet.

Variante
Pour leur faciliter la tâche, vous préparez des phrases vraies et fausses sur les statistiques. Les élèves choisissent parmi ces phrases celles qui leur semblent traduire le mieux les images.

Statistique « Qu'est-ce qui importe pour les jeunes aujourd'hui ? »
In Anlehnung an Lightspeed Research, http://www.journaldunet.com/ebusiness/le-net/jeunes-internet-et-le-mobile/importance-du-mobile.shtml

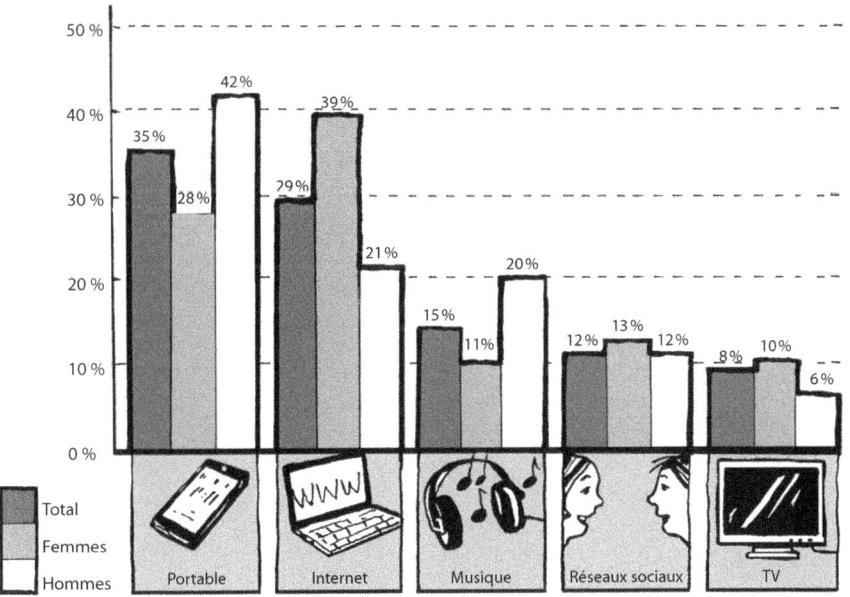

3.35   Le nègre I

Ziel/Leitidee	Wiederholung und Sicherung von Inhalten
Lernjahr	ab 2. Lernjahr
Material	leicht veränderter Text
Sozialform	ganze Klasse
Allgemeine Kompetenzen	logische Zusammenhänge entdecken, Wortkategorien erkennen
Inhaltliche Kompetenzen	Inhalt und Wortschatz des Texts beherrschen

Au début du cours et avant de continuer la lecture ou la discussion sur le sujet, donnez aux élèves le texte ou la partie du texte que vous avez lu,e ensemble ou qu'ils ont lu,e à la maison, mais en version légèrement changée. Dites-leur de trouver les changements. Ensuite, comparez avec l'original.

Exemple pour le texte « Des vacances pour tous ! » (« A plus ! » 5, Schülerbuch, Cornelsen Schulverlage, 2004: les changements sont en italique)

Quinze jours à être payés sans rien faire ! Les ouvriers n'en reviennent pas. Le 20 juin *1966*, une loi leur accorde le droit de partir *trois* semaines en vacances.
A l'époque, beaucoup de Français travaillent à l'usine *de lundi à dimanche et ne se reposent jamais.* Les vacances, c'est un luxe réservé à une minorité. Pourtant, cet été-là, peu de gens partent, beaucoup n'ont pas de *valise,* d'autres craignent de ne pas retrouver leur *maison* en rentrant.

Le Front Populaire
C'est le nom de la coalition des partis politiques de *droite.* Menée par Léon Blum, elle a gouverné la France de 1936 à 1938. Le 20 juin 1936, Léon Blum signe les accords de Matignon qui apportent de nombreux changements sociaux : l'école devient obligatoire jusqu'à *18* ans (au lieu de 13 ans), la semaine de 35 heures (au lieu de *40* heures), une loi sur les allocations de chômage et quinze jours de congés, mais pas payés.

Un billet à tarif réduit
Le Front Populaire négocie avec les patrons *des compagnies de vol* une réduction de 40% sur les billets *d'avion* pour les salariés et leurs familles. Le premier août, 600 000 ouvriers prennent *l'avion* grâce au « billet de congé annuel » (qui existe toujours). Direction : *la montagne.*

La naissance des loisirs
Les congés payés transforment la vie des Français. Maintenant, ils veulent *dédier plus de temps au jardinage et aux tâches ménagères*. Léo Lagrange crée *les maisons de retraite* et les clubs de loisirs. Il encourage aussi le camping, négocie des tarifs spéciaux avec les hôteliers, construit des stades et rend le *foot* accessible à tous. Un grand vent de bonheur souffle cette année-là …

3.36 Journal de lecture

Ziel/Leitidee	Lektüre verarbeiten
Lernjahr	ab 5. Lernjahr
Material	Heft
Sozialform	ganze Klasse
Allgemeine Kompetenzen	selbstständige Lektüre, Kreativität

Dites aux élèves qu'après chaque chapitre du roman, ils doivent écrire quelque chose dans leur journal qui ait un rapport quelconque avec le chapitre qu'ils viennent de lire. Ceci peut être un résumé, un dialogue imaginé entre les personnages, une lettre écrite par un personnage, une B.D. et beaucoup d'autres choses encore, les possibilités de travailler avec un texte littéraire sont nombreuses.

Remarque Vous pouvez évaluer les contributions ou idées de vos élèves, qui, parmi leurs textes, choisissent le(s) meilleur(s) pour le présenter à la classe. Vous évaluez les contributions selon des critères tels que présentation, contenu, originalité et langue.

→ *Voir aussi 6.11*

3.37 Qui dit quoi et quand ?

Ziel/Leitidee	Textverständnis und Inhalte wiederholen und sichern
Lernjahr	ab 5. Lernjahr
Material	ausgewählte Zitate aus dem Text
Sozialform	ganze Klasse/Partnerarbeit
Inhaltliche Kompetenzen	Charakterisierung von Figuren, Kontextualisierung

A mi-chemin de la lecture de la pièce ou du roman, choisissez quelques citations et présentez-les à la classe. A deux ou tous ensemble, les élèves doivent reconnaître les citations et les attribuer aux personnages. Ils doivent aussi expliquer dans quel contexte les personnages s'expriment (c'est-à-dire ce qui précède et ce qui suit).

3.38   Le nègre II

Ziel/Leitidee	Figuren charakterisieren, Beweggründe analysieren, Inhalte wiederholen
Lernjahr	ab 5. Lernjahr
Material	Folie oder Arbeitsblatt mit ausgedachten Zitaten
Sozialform	Partnerarbeit/ganze Klasse
Inhaltliche Kompetenzen	Textkenntnis, Charakterisierung von Figuren

Montrez aux élèves les citations que vous avez écrites et demandez :
Selon vous, qui de nos personnages aurait pu prononcer ces lignes ? Justifiez vos réponses !

> **Variante**
> Donnez cette tâche comme devoir aux élèves. Ils présenteront ainsi leurs idées
> à leurs camarades qui associent les citations aux personnages en justifiant leurs
> réponses.

3.39   Des adjectifs aux personnages

Ziel/Leitidee	Wortschatz erweitern, Figuren charakterisieren üben
Lernjahr	ab 5. Lernjahr
Material	Folie
Sozialform	ganze Klasse
Allgemeine Kompetenzen	Textkenntnis erwerben
Inhaltliche Kompetenzen	Paraphrasierungstechniken üben

Premier pas : Dressez une liste d'adjectifs pour caractériser des personnes et, en particulier, les personnages dans le roman, l'histoire ou la pièce de théâtre que vous êtes en train de lire. Montrez la liste aux élèves et dites-leur d'abord de vérifier s'ils connaissent la signification de tous les mots, peut-être à l'aide d'un dictionnaire.

Deuxième pas : Demandez-leur d'attribuer les adjectifs aux personnages ou de justifier pourquoi un tel ou tel adjectif décrit bien ou mal un personnage.

> **Remarque** Vous pouvez aussi diviser vos adjectifs en groupes de 4 ou 5 pour chaque personnage
> selon vos besoins. Après l'exercice, vous encouragez vos élèves à trouver des synonymes ou antonymes pour ces adjectifs ou à les regrouper logiquement.

3.40   Quatuor littéraire

Ziel/Leitidee	Inhalte wiederholen und sichern
Lernjahr	ab 5. Lernjahr
Material	im Vorfeld vorbereitete Fragen auf Zetteln
Sozialform	ganze Klasse/Teilgruppe
Allgemeine Kompetenzen	Textkenntnis erwerben
Inhaltliche Kompetenzen	freies Sprechen lernen

Premier pas: Vous préparez des questions à poser, pendant une interview fictive, aux personnages principaux de l'histoire. Divisez les questions selon les personnages et écrivez-les sur des feuilles séparées, une par personnage.

Deuxième pas: Selon le nombre des personnages, choisissez des élèves qui viendront s'asseoir devant la classe comme s'ils étaient sur scène. Donnez-leur les questions et un peu de temps pour y réfléchir. En même temps, dites au reste de la classe de réfléchir à des questions possibles à poser aux personnages pendant une interview à la télé.

Troisième pas: Le temps écoulé, posez vos questions aux candidats. Encouragez aussi les autres à poser leurs questions.

→ *Voir aussi 4.1 et 4.4*

3.41   L'élève détient la vérité

Ziel/Leitidee	Textverständnis sichern, Paraphrasieren üben
Lernjahr	ab 3. Lernjahr
Material	keines
Sozialform	Partnerarbeit
Allgemeine Kompetenzen	Textkennnis erwerben

Après lecture du texte, donnez aux élèves la tâche de formuler de 3 à 5 affirmations vraies et fausses sur le texte. Pour faciliter la tâche, donnez-leur quelques exemples auparavant. Les deux partenaires qui ont formulé leurs phrases ensemble joindront un autre couple (ou deux) pour s'échanger les phrases et en discuter.

Remarque Vous pouvez transformer l'activité en devoir à faire à la maison.

3.42   La table ronde des experts

Ziel/Leitidee	ein Thema abschließen, Inhalte und Wortschatz sichern
Lernjahr	ab 5. Lernjahr
Material	alle behandelten Texte zu einem bestimmten Thema
Sozialform	Gruppenarbeit
Allgemeine Kompetenzen	Zusammenfassen, Neuordnen
Inhaltliche Kompetenzen	Kreativität, Schauspiel, Präsentationstechniken

Après avoir lu plusieurs textes ou discuté de plusieurs documents sur un certain sujet (l'environnement, les relations franco-allemandes, les médias etc.), vous dites aux élèves de former des groupes de 4 à 6 personnes pour préparer une émission à la télé sur le sujet en question. Pendant qu'un/e élève du groupe aura le rôle du présentateur, posant les questions et dirigeant la discussion, les autres joueront différents personnages ayant un rapport quelconque avec le sujet et représentant peut-être différentes positions. Apprenez-leur à utiliser le plus d'informations possibles et à appliquer le vocabulaire appris pour montrer qu'ils ont bien « digéré » et assimilé les documents et le nouveau vocabulaire.

> Exemple 1
> Si le sujet est l'environnement, vous pouvez rassembler un climatologue, un chef d'entreprise, un employé d'un grand constructeur automobile, un membre des Verts, une mère de famille ou un personnage célèbre voyageant beaucoup.
> Vous dites aux élèves d'utiliser les nouveaux mots et expressions sur le champ lexical de l'« environnement ».

> Exemple 2
> Si par contre le sujet est « les médias », vous pourriez compter un sociologue, un accro à facebook, une mère anxieuse, un professeur ou maître d'école, un professionnel du business parmi vos invités.

→ Voir 4.19

3.43 Changement de perspective

Ziel/Leitidee	Inhalte verarbeiten, sich in eine Figur hineinversetzen
Lernjahr	ab 5. Lernjahr
Material	Originaltext
Sozialform	Einzelarbeit/Partnerarbeit
Allgemeine Kompetenzen	Kenntnis der Erzählperspektiven erwerben
Inhaltliche Kompetenzen	Kreativität

Après avoir lu un passage d'un roman ou d'une histoire, dites aux élèves de prendre la place d'un des autres personnages et de narrer le passage de son point de vue, en adoptant son langage et en ajoutant leurs propres idées. Les élèves pourraient ensuite s'échanger leurs textes ou les présenter.

> Exemple : Éric-Emmanuel Schmitt, « Monsieur Ibrahim et les fleurs du Coran »,
> erschienen 2001 bei Éditions Albin Michel S.A., Paris
> *Soudain, branle-bas de combat, monsieur Ibrahim se met au garde-à-vous : Brigitte*
> *Bardot entre dans l'épicerie.*
> * *Bonjour, monsieur, est-ce que vous auriez de l'eau ?*
> * *Bien sûr, mademoiselle.*
> *Et là, l'inimaginable arrive : monsieur Ibrahim, il va lui-même chercher une bouteil-*
> *le d'eau sur un rayon et il la lui apporte.*
> * *Merci, monsieur. Combien je vous dois ?*
> * *Quarante francs, mademoiselle.*
> *Elle en a un haut-le-corps, la Brigitte. Moi aussi. Une bouteille d'eau, ça valait deux*
> *balles, à l'époque, pas quarante.*
> * *Je ne savais pas que l'eau était si rare, ici.*
> * *Ce n'est pas l'eau qui est rare, mademoiselle, ce sont les vraies stars.*
> *Il a dit cela avec tant de charme, avec un sourire tellement irrésistible que Brigitte*
> *Bardot, elle rougit légèrement, elle sort ses quarante francs et elle s'en va.*
> *Je n'en reviens pas.*
> * *Quand même, vous avez un de ces culots, monsieur Ibrahim.*
> * *Eh, mon petit Momo, il faut bien que je me rembourse toutes les boîtes que tu me*
>   *chouraves.*
> *C'est ce jour-là que nous sommes devenus amis.*
>
> **Tâche :** Adoptez le point de vue de Brigitte Bardot, en tenant compte du fait que celle-ci n'a peut-être pas l'habitude d'entrer dans ce genre d'épicerie et de ce qu'elle parle différemment de Momo.

→ *Voir aussi 6.11*

3.44   Mon partenaire de lecture

Ziel/Leitidee	Vertiefung des Textverständnisses durch wiederholte Konfrontation
Lernjahr	ab 3. Lernjahr
Material	präparierter Text
Sozialform	Einzelarbeit/Partnerarbeit
Allgemeine Kompetenzen	sich einen Wortschatz erarbeiten
Inhaltliche Kompetenzen	Paraphrasieren, Vorlesen üben

Faites un exercice du type « cloze » et donnez la feuille avec les solutions en marge à la moitié des élèves, pendant que l'autre moitié reçoit le texte incomplet. Les élèves en possession des solutions ont la tâche de donner des synonymes pour les mots recherchés ou de les paraphraser, leurs partenaires par contre doivent reconnaître les nouveaux mots ou expressions.

> **Remarque** Si cet exercice vous semble trop difficile ou si le texte est trop compliqué, vous pouvez aussi ajouter les paraphrases ou synonymes aux solutions. Après un premier tour, les élèves changent de rôle et le font une deuxième fois.

3.45   Récit du récit

Ziel/Leitidee	Vertiefung des Textverständnisses, Wiederholung von Inhalten
Lernjahr	ab 2. Lernjahr
Material	mehrere Sätze kleiner Zettel mit Schlüsselbegriffen aus dem Text
Sozialform	Partnerarbeit/Gruppenarbeit
Allgemeine Kompetenzen	Wortschatz- und Textkenntnis
Inhaltliche Kompetenzen	freies Sprechen

Donnez aux élèves des petits bouts de papiers avec des mots et expressions représentatifs du texte et dites-leur de tirer au sort, les uns après les autres (à l'intérieur de leur groupe) ces mots et de formuler des phrases sur le texte en question qui contiennent ces mots.

> Variante
> Les élèves doivent trouver des mots associés.

4 Production orale

Von Beginn des Fremdsprachenlernens an muss sowohl die schriftliche als auch die mündliche Kommunikationsfähigkeit der Schüler gefördert werden, damit sie in alltäglichen Situationen bei einem Auslandsaufenthalt kommunizieren können. In vielen Bundesländern ist mittlerweile auch eine mündliche Prüfung Teil der Schulaufgaben bzw. der Abiturprüfung. Häufig müssen Schüler aber gerade beim Sprechen in Französisch Hemmungen überwinden. Die Fehlerkorrektur sollte daher sensibel gestaltet werden, damit die Freude am Sprechen erhalten bleibt.

Mit den in diesem Kapitel vorgestellten Übungen können Sie die Sprechkompetenz der Schüler anhand verschiedener monologischer oder dialogischer Situationen fördern und sie beim Aufbau ihrer mündlichen Fertigkeiten unterstützen.

4.1 La chaise chaude

Ziel/Leitidee	Fragen zu einem Lesetext formulieren
Lernjahr	ab 1. Lernjahr
Material	keines
Sozialform	Plenum
Allgemeine Kompetenzen	den Umgang mit Texten fördern
Inhaltliche Kompetenzen	gängige Fragearten und Textverständnis einüben

Premier pas: Un volontaire prend place devant la classe. Il joue le rôle d'un des personnages d'un texte lu en classe.

Deuxième pas: Les autres lui posent des questions auxquelles il répond selon le texte.

Troisième pas: Les élèves posent spontanément des questions ou ils préparent des questions.

Quatrième pas: Après un certain nombre de questions, un autre volontaire prend place devant la classe.

4.2   Dictée à courir

Ziel/Leitidee	sich kurze Textpassagen einprägen und diese dem Partner diktieren
Lernjahr	ab 1. Lernjahr
Material	kurze Texte in Streifen geschnitten auf zwei verschiedenen Tischen im Klassenzimmer auslegen
Sozialform	Partnerarbeit
Allgemeine Kompetenzen	das Gedächtnis trainieren
Inhaltliche Kompetenzen	das klare und deutliche Sprechen auf Französisch fördern

Premier pas : Posez les bandes de texte sur deux tables.
Les élèves travaillent à deux. L'élève A va à la table numéro 1 et lit une partie du texte et essaie de la mémoriser. Il va vers son partenaire et lui dicte cette partie. L'élève B note cette partie sur sa feuille de travail.

Deuxième pas : Ensuite, l'élève B va vers la table numéro 2 et fait comme son partenaire. L'élève A note alors cette partie du texte sur la même feuille de travail.

Troisième pas : Les deux continuent jusqu'à ce que le texte soit complètement écrit sur la feuille de travail.

4.3   Lire à haute voix

Ziel/Leitidee	Texte laut vorlesen
Lernjahr	ab 1. Lernjahr
Material	Text zum Vorlesen
Sozialform	Plenum
Inhaltliche Kompetenzen	die Aussprache und Intonation trainieren

Un élève commence à lire le texte à haute voix. Les autres lisent aussi le texte, mais en silence. Tout d'un coup, l'élève arrête de lire - même en plein milieu de la phrase ou d'un mot. Il s'adresse à un camarade qui doit continuer à lire le texte à haute voix et ainsi de suite jusqu'à ce que le texte soit fini ou à ce que tous les élèves aient lu une partie du texte.

Remarque Vous pouvez évaluer cette activité selon les critères suivants : prononciation, intonation/expression, fluidité.

4.4   Interview à deux

Ziel/Leitidee	Fragen zu einem Lesetext formulieren
Lernjahr	ab 1. Lernjahr
Material	zwei Versionen eines Textes mit unterschiedlichen Lücken
Sozialform	Partnerarbeit
Allgemeine Kompetenzen	das gemeinsame Zusammenarbeiten fördern
Inhaltliche Kompetenzen	Informationen einprägen und gängige Fragearten einüben

Premier pas: Préparez deux versions d'un texte: dans chaque texte, vous remplacez quelques mots ou groupes de mots par des lacunes, mais dans chaque texte il doit s'agir d'autres mots.

Deuxième pas: Deux élèves travaillent ensemble: ils se demandent à tour de rôle les informations qui manquent dans leur texte. De cette manière, ils mémorisent mieux les informations et tous les élèves de la classe sont actifs en même temps.

Remarque Utilisez surtout des textes sur la culture générale pour cette activité.

4.5   Devinette aux images

Ziel/Leitidee	über Bilder mutmaßen
Lernjahr	ab 1. Lernjahr
Material	Bild für Dokumentenkamera
Sozialform	Plenum
Inhaltliche Kompetenzen	Vermutungen äußern

Premier pas: Posez une image sur le rétroprojecteur. Mais assurez-vous que l'image reste floue et que la classe ne puisse pas vraiment reconnaître les détails de l'image.

Deuxième pas: Les élèves expriment leurs idées sur ce qui est présenté sur l'image. Le professeur peut bien sûr donner quelques indications, quelques pistes pour faciliter le travail.
Les élèves utiliseront surtout des structures comme p. ex. *Je pense que je peux voir …; Il y a peut-être …*

Troisième pas: À la fin, vous montrez l'image aux élèves.

4.6   Je vois quelque chose que tu ne vois pas

Ziel/Leitidee	Fragen stellen und Objekte beschreiben
Lernjahr	1. Lernjahr
Material	keines
Sozialform	Plenum
Inhaltliche Kompetenzen	Fragen formulieren

Premier pas : Celui qui commence, choisit un objet dans la salle de classe et lui donne une caractéristique (couleur, forme etc.) comme indice en disant p. ex. : *Je vois quelque chose que tu ne vois pas et il est vert.*

Deuxième pas : Les autres doivent deviner de quel objet il s'agit. Ensuite, un autre élève continue en choisissant un autre objet dans la salle de classe.

> Variante
> Vous pouvez poser un objet dans un sac que seulement un élève peut voir. Celui-ci décrit l'objet aux autres qui doivent deviner de quoi il s'agit.

4.7   Devinette aux mots

Ziel/Leitidee	Fragen stellen
Lernjahr	ab 1. Lernjahr
Material	Zettel mit Begriffen
Sozialform	Plenum
Inhaltliche Kompetenzen	Fragen formulieren

Premier pas : Un élève quitte la classe pour un petit moment. Pendant ce temps, un élève choisit une carte sur laquelle est écrit le mot que doit deviner l'élève qui a quitté la classe.

Deuxième pas : L'élève revient dans la classe. Ses camarades lui posent des questions et essaient de lui faire utiliser dans ses réponses le mot qu'il doit deviner.
Dès que l'élève a deviné le mot, il le prononce.

> Exemples
> la mer :
> *Tu préfères les vacances au bord de la mer ou en montagne ?*
> *Qu'est-ce qu'il te faut pour faire de la planche à voile ?*

croissant:
Qu'est-ce qu'on mange le matin, surtout en France?
Tu préfères les croissants ou les pains au chocolat?

Variante
Les questions ne doivent pas contenir le mot à deviner.

4.8   Décrire son itinéraire

Ziel/Leitidee	sich nach dem Weg erkundigen können
Lernjahr	ab 1. Lernjahr
Material	Stadtpläne, evtl. Arbeitsblatt mit Redewendungen
Sozialform	Partnerarbeit
Allgemeine Kompetenzen	das genaue Zuhören schulen
Inhaltliche Kompetenzen	sich mit Mitschülern unterhalten können

Les élèves travaillent à deux. Vous distribuez des plans de ville. L'un des élèves demande le chemin, l'autre l'explique.

Remarque On peut distribuer aux élèves une fiche contenant le vocabulaire. Sur Internet on trouve des plans de ville de presque toutes les villes françaises.

Exemple 1
Ton partenaire se trouve devant l'église. Il te demande le chemin pour trouver:
la pharmacie
le dentiste
le cinéma
l'hôpital

Exemple 2
Tu te trouves devant la gare. Tu demandes à ton partenaire le chemin pour:
le supermarché
le collège
la poste
le parc

Décrire le chemin I

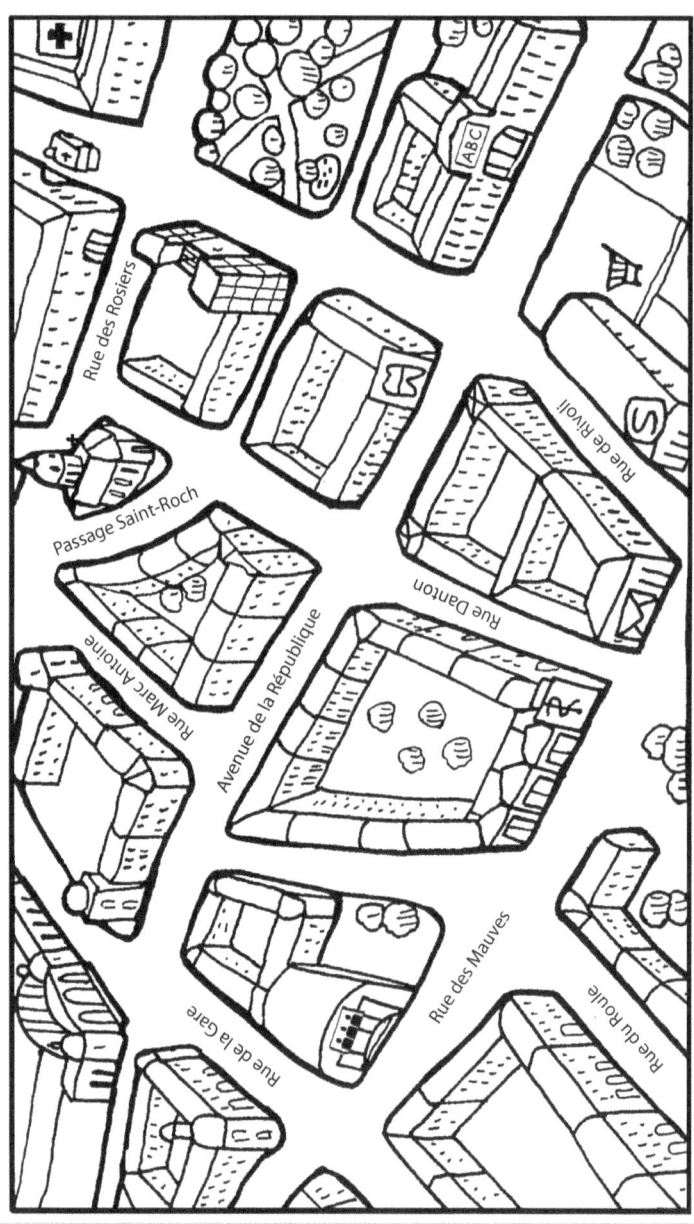

Décrire le chemin II

le chemin
Pardon.
Excusez-moi.
Où est-ce que se trouve … ?
Je cherche …
C'est loin.
Ce n'est pas loin.
C'est tout près.
C'est à cent mètres d'ici.
Attendez.
Alors, pour aller … vous prenez la rue …
Allez tout droit.
en voiture
à pied
en métro
en bus
Il vaut mieux prendre le bus.
Suivez la rue jusqu'à …
Tournez à droite/à gauche
Descendez la rue …
Montez la rue …
Allez jusqu'au feu rouge …
Il vaut prendre la deuxième/troisième rue à gauche/à droite.
Traversez la rue/la place/le point rond.
près de
devant
derrière
à côté de
en face de
le bâtiment
la place
le carrefour
Vous passez devant …
Vous y serez.

4.9   L'histoire san fin

Ziel/Leitidee	eine Geschichte weiter- oder zu Ende erzählen
Lernjahr	ab 2. Lernjahr
Material	keines
Sozialform	Gruppenarbeit/Plenum
Allgemeine Kompetenzen	die Fantasie und das aufmerksame Zuhören fördern
Inhaltliche Kompetenzen	*participe passé, imparfait* einüben

Premier pas: Les élèves se mettent en groupes de dix. Vous commencez par la première phrase d'une histoire.

Deuxième pas: Les élèves, à tour de rôle, ajoutent une phrase. L'activité peut se terminer après un premier tour, mais pas forcément.

Troisième pas: A la fin, chaque groupe présente son histoire.

> Quelques débuts d'histoires
> *Quittant son bureau, il a tout de suite remarqué le changement dans la rue …*
> *C'est l'anniversaire de ma grand-mère. Elle a 95 ans …*
> *Il était une fois une petite fille qui pouvait passer les murs …*

4.10   Compléter des phrases

Ziel/Leitidee	sprachlich schnell reagieren
Lernjahr	ab 2. Lernjahr
Material	Satzanfänge
Sozialform	Einzelarbeit/Plenum
Inhaltliche Kompetenzen	das spontane Sprechen schulen

Proposez des débuts des phrases à la classe. Les élèves doivent spontanément les compléter.

> Débuts de phrases
> *Si je n'étais pas à l'école, je …*
> *Si j'avais trente ans, je …*
> *Si j'avais un million euros, je …*

> Variante
> Vous pouvez aussi poser des questions, p. ex. :
> *Pourquoi est-ce que tu aimes les vacances ?*
> *Pourquoi tu veux passer ton bac ?*

4.11 Dictée des images

Ziel/Leitidee	Bilder so beschreiben, dass sie der Partner nachmalen kann
Lernjahr	ab 2. Lernjahr
Material	Bilder, die die Schüler auch mit wenig Wortschatz beschreiben können
Sozialform	Partnerarbeit
Inhaltliche Kompetenzen	Strukturen der Bildbeschreibung einüben, Beschreibungen mit Präpositionen verfassen

Premier pas : Les élèves travaillent en groupes de deux. Un élève de chaque groupe reçoit une image que son partenaire ne peut pas voir.

Deuxième pas : L'élève qui tient l'image la décrit de sorte que son camarade puisse le dessiner dans tous ses détails. L'élève qui dessine peut poser des questions. Mais l'élève qui décrit ne doit pas voir ce que son partenaire dessine.

Vocabulaire à utiliser :

au premier plan	au second plan	à l'arrière-plan		
en haut à gauche sur le côté droit à côté de	en haut à droite à gauche derrière	dans le coin au centre devant	sur	sous

A la fin, on compare les deux images. Les élèves discutent pourquoi elles ne sont pas identiques, qu'est-ce qu'on pourrait faire mieux, p. ex. décrire plus de détails ou poser plus de questions etc.

4.12   Virelangues

Ziel/Leitidee	klare und deutliche Aussprache üben
Lernjahr	ab 2. Lernjahr
Material	Zungenbrecher, evtl. Weinkorken für jeden Schüler
Sozialform	Einzelarbeit/Plenum
Allgemeine Kompetenzen	die Freude an der Sprache fördern
Inhaltliche Kompetenzen	die Aussprache trainieren

Présentez des virelangues aux élèves. Les élèves choisissent un virelangue et pendant quelques minutes ils s'entrainent à le prononcer le plus vite possible.
Quelques élèves présentent « leur » virelangue.

> Variante
> Les élèves prennent un bouchon entre les dents pendant qu'ils prononcent le virelangue pour améliorer leur prononciation.

> Virelangues
> *Si mon tonton tond ton tonton, ton tonton tondu sera.*
> *Un chasseur sachant chasser sans son chien est un bon chasseur.*
> *Les chaussettes de l'archi-duchesse, sont-elles sèches ou archi-sèches ?*
> *Ces cyprès sont si loin qu'on ne sait si c'en sont.*
> *As-tu vu le ver vert allant vers le verre en verre vert ?*
> *Six souris sous six lits sourient sans souci de six chats.*
> *Sachez chasser ce chat.*

4.13   Présenter quelqu'un

Ziel/Leitidee	zwei Personen einander vorstellen
Lernjahr	ab 2. Lernjahr
Material	Rollenkarten mit Personen, die einander vorgestellt werden sollen
Sozialform	Einzelarbeit/Plenum
Allgemeine Kompetenzen	die Fantasie fördern
Inhaltliche Kompetenzen	das freie und zusammenhängende Sprechen schulen

Premier pas : Expliquez aux élèves qu'ils vont présenter une personne à une autre. Chaque élève tire alors au sort une carte et prépare pendant cinq minutes la présentation des deux personnes indiquées sur la carte.

Deuxième pas : Ensuite, quelques élèves jouent la présentation devant la classe.

> Exemple
> Tu présentes :
> *ton ami français qui vit chez toi pendant cinq mois à ton professeur allemand.*
> *ta copine à tes parents.*
> *ton nouvel ami à ta sœur.*
> *une amie à une autre amie.*
> *toi-même à quelqu'un que tu trouves sympathique lors d'une fête.*

4.14 Compléter des dialogues

Ziel/Leitidee	fehlende Dialogteile ergänzen
Lernjahr	ab 2. Lernjahr
Material	lückenhafte Dialoge
Sozialform	Partnerarbeit
Allgemeine Kompetenzen	die Fantasie fördern
Inhaltliche Kompetenzen	das freie Sprechen schulen, Verbformen trainieren und überprüfen

Premier pas : Les élèves se mettent à deux et vous leur distribuez un dialogue à trous.

Deuxième pas : Les élèves répartissent les rôles et puis jouent la scène en complétant le dialogue.

> Exemple
> *Au restaurant.*
> *A joue le client, B le garçon.*
> *A : Bonjour.*
> *B : Bonjour. Qu'est-ce que je vous sers ?*
> *A : Vous avez …*
> *B : Oui, j'ai …*
> *A : Alors, je prends …*
> *B : Et pour manger ?*
> *A : J'aimerais …*
> *B : Désolé,e mais …*
> *A : Alors, je voudrais …*
> *B : D'accord.*
> *A : Merci.*

4.15 Trouver les différences entre deux images

Ziel/Leitidee	Bildbeschreibung
Lernjahr	ab 2. Lernjahr
Material	Bildpaare mit kleinen Unterschieden
Sozialform	Partnerarbeit
Allgemeine Kompetenzen	das klare und flüssige Sprechen schulen
Inhaltliche Kompetenzen	Vokabular und Präpositionen einüben

Premier pas: Les élèves travaillent à deux. Chaque élève tient une image que l'autre élève ne doit pas voir. Les deux doivent trouver les (p. ex. sept) différences entre les deux images en posant des questions et en décrivant leurs images.

Deuxième pas: Après avoir trouvé toutes les différences, les élèves comparent leurs images.

Solution:

4.16 Réserver un hôtel

Ziel/Leitidee	eine Hotelreservierung vornehmen
Lernjahr	ab 2. Lernjahr
Material	Informationskarten zu zwei Hotels, Piktogrammliste
Sozialform	Partnerarbeit
Allgemeine Kompetenzen	das genaue Zuhören schulen
Inhaltliche Kompetenzen	Kompromisslösung finden

Première pas : Les élèves se mettent à deux. Vous leur distribuez des cartes contenant des informations sur deux hôtels et une liste qui explique les pictogrammes utilisés.

Deuxième pas : Un élève se renseigne auprès de l'autre sur l'hôtel Belle Vue et vice versa sur l'hôtel Paradis. Finalement, ils doivent se décider pour un des deux hôtels. Ils téléphonent à l'hôtel et font une réservation.

Remarque Vous pouvez inviter les élèves à produire eux-mêmes des cartes contenant des informations sur les hôtels.

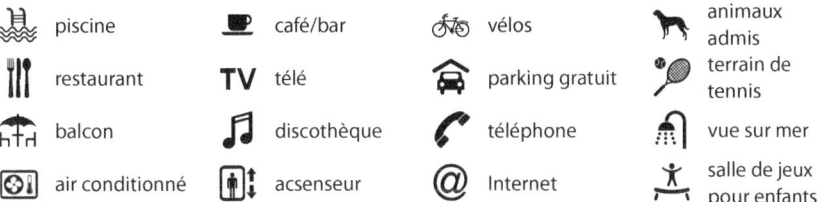

〰	piscine	☕	café/bar	🚲	vélos	🐕	animaux admis
🍴	restaurant	TV	télé	🏠	parking gratuit	🎾	terrain de tennis
☂	balcon	♫	discothèque	☎	téléphone	🚿	vue sur mer
▣	air conditionné	⬆	acsenseur	@	Internet	🤸	salle de jeux pour enfants

Réserver un hôtel

Cet été tu veux passer une semaine à Nice avec ton ami,e et ta nièce (6 ans). Tu demandes des informations, p. ex. :
- *Où est-ce que se trouve l'hôtel ?*
- *Comment sont les chambres ?*
- *Combien ça coûte ?*

Après, toi et ton ami, vous discutez où aller et pourquoi.

A	Hôtel Belle Vue	B	Hôtel Paradis
Lieu : à 2 km de la plage		Lieu : _____	
Chambres :		Chambres : _____	
Services :		Services : _____	
Prix (p. pax et jour) : demi-pension : 65 € pension complète : 90 € enfants : 20 €		**Prix (p. pax et jour) :** demi-pension : _____ pension complète : _____ enfants : _____	

A	Hôtel Belle Vue	B	Hôtel Paradis
Lieu : _____		Lieu : à 100 m de la plage	
Chambres : _____		Chambres :	
Services : _____		Services :	
Prix (p. pax et jour) : demi-pension : _____ pension complète : _____ enfants : _____		**Prix (p. pax et jour) :** demi-pension : 55 € pension complète : 80 € enfants : 20 €	

4.17 Décrire des personnages

Ziel/Leitidee	Personen beschreiben
Lernjahr	ab 2. Lernjahr
Material	Kopiervorlage mit Figuren von Personen
Sozialform	Plenum/Partnerarbeit
Allgemeine Kompetenzen	die detailgenaue Betrachtung schulen
Inhaltliche Kompetenzen	Wortfeld zur Personenbeschreibung einüben, eine Zeichnung nach Vorgaben anfertigen

Premier pas: D'abord, on répète ensemble le vocabulaire pour décrire des personnes.

Deuxième pas: Ensuite, les élèves travaillent à deux. Vous distribuez la fiche avec les images des personnes. Dans chaque groupe un élève tient la fiche, l'autre ne peut pas voir les images. Celui qui tient la fiche décrit une personne à son partenaire que celui-ci doit dessiner. Après, les élèves changent de rôles.

Troisième pas: Tous les groupes présentent leurs dessins. Les autres devinent de qui il s'agit.

Remarque Vous pouvez inciter les élèves à écrire une petite histoire avec les personnes dessinées.

Qui est-ce ?

4.18 Interviewer quelqu'un

Ziel/Leitidee	Fragen stellen und eine Identität erfinden
Lernjahr	ab 2. Lernjahr
Material	keines
Sozialform	Partnerarbeit
Allgemeine Kompetenzen	die Fantasie fördern
Inhaltliche Kompetenzen	das freie Sprechen schulen

Premier pas: Les élèves forment des sous-groupes de deux pour s'interviewer. Un élève joue l'intervieweur, l'autre la personne qui est interviewée.

Deuxième pas: Il est conseillé de donner aux élèves quelques minutes pour préparer l'interview.

Troisième pas: Vous proposez des personnes à interviewer:

- *un enseignant de français de ton école*
- *une personne célèbre (p. ex. un acteur, une actrice, un chanteur, une chanteuse)*
- *un garçon dans un café à Paris*
- *une personne francophone qui visite ta ville/ton village*

Quatrième pas: Ensuite, quelques groupes peuvent présenter leurs interviews aux autres.

Variante
Vous pouvez aussi distribuer des photos de quelques personnes que les élèves interviewent.

4.19 Construire des statues

Ziel/Leitidee	Anweisungen geben, Figurenstellungen beschreiben
Lernjahr	ab 2. Lernjahr
Material	keines
Sozialform	Partnerarbeit/Plenum
Allgemeine Kompetenzen	mit den Mitschülern zusammenarbeiten
Inhaltliche Kompetenzen	etwas beschreiben, seine Meinung äußern

Premier pas: Les élèves se mettent à deux. Un élève est la statue, l'autre est le sculpteur.

Deuxième pas : Les sculpteurs forment leurs statues selon leur avis : l'élève qui est la statue doit alors suivre les indications du sculpteur. Il doit p. ex. se mettre debout, à genoux, s'asseoir sur une chaise etc.

Troisième pas : Quand toutes les statues sont sculptées, la classe fait une visite du musée. C'est-à-dire que les statues restent figées et les sculpteurs les regardent. Chaque sculpteur donne des explications sur sa statue et explique ce qu'il a voulu exprimer.

Quatrième pas : Bien sûr les visiteurs peuvent commenter les statues ou poser des questions, p. ex. *Combien est-ce qu'elle coûte ? Où est-ce qu'elle se trouve ?*

4.20   Jeux de rôles

Ziel/Leitidee	verschiedene Szenen ausgestalten und spielerisch darstellen
Lernjahr	ab 3. Lernjahr
Material	Rollen- oder Szenenvorgaben ; pro Gruppe Kamera oder Handy mit Videofunktion
Sozialform	Gruppenarbeit
Allgemeine Kompetenzen	Freude am Sprachgebrauch fördern
Inhaltliche Kompetenzen	zusammenhängendes Sprechen üben

Les élèves forment des groupes à cinq personnes. Vous leur donnez des scènes qu'ils interprètent. D'abord, ils élaborent et jouent la scène. Ensuite, ils l'enregistrent avec la caméra de leurs portables.

Remarque Avant de commencer par les jeux de rôle, on parle des fautes typiques à éviter (p.ex. accords substantifs – adjectifs, article défini, indéfini). Alternativement on peut en parler après la présentation des jeux de rôle. Il faut éviter d'interrompre la présentation.

Ensemble on regarde les vidéos. Vous ou les camarades donnent leur feedback.
La présentation peut aussi se faire sous forme d'un puzzle de groupe : de nouveaux groupes se forment avec un membre de chaque groupe. Chaque membre montre donc dans son nouveau groupe sa vidéo.

> Scènes possibles
> *Lors d'une fête, tu observes une fille/un garçon. Elle/il te plaît. Jouez la scène.*
> *À table : une famille francophone (père, mère, trois enfants) parle de sa journée. Jouez la scène.*

Depuis une heure tu fais la queue devant l'entrée du musée du Louvre. Tu commences à parler avec d'autres personnes venant de pays différents. Jouez la scène.

Tu travailles comme au-pair dans une famille française. Tu veux faire une fête d'anniversaire avec tes amis français dans leur maison. Tu leur parles de ton idée.

Tu es en France. Tu veux faire une fête surprise pour un ami. Ensemble avec tes autres amis tu fais le planning.

4.21 Révision

Ziel/Leitidee	über Vergangenes berichten
Lernjahr	ab 2. Lernjahr
Material	Kärtchen mit Verben, Kärtchen mit Zeitangaben
Sozialform	Plenum
Inhaltliche Kompetenzen	*passé composé* einüben

Premier pas: Vous préparez deux sortes de cartes. Sur les unes, vous notez des verbes à l'infinitif:

lire, manger, boire, écrire, danser, regarder la télé, sortir, apprendre ...

Sur les autres vous notez des indications du passé:

la semaine dernière, hier, dimanche dernier, il y a trois jours, ce week-end ...

Deuxième pas: Vous posez les deux piles sur le bureau et chaque élève pioche une carte de chaque pile. A tour de rôle, les élèves forment des phrases à partir des cartes, p.ex.

Il y a trois jours, j'ai écrit un examen de maths.

Remarque Les camarades de classe peuvent poser des questions pour avoir des informations supplémentaires, p.ex. *Comment est-ce que tu t'es préparé,e?*

Variante
Vous pouvez demander une autre structure grammaticale que les élèves doivent utiliser.

4.22   A ta place

Ziel/Leitidee	Ratschläge geben
Lernjahr	ab 3. Lernjahr
Material	Papier
Sozialform	Einzelarbeit/Plenum
Allgemeine Kompetenzen	Kenntnis der Erzählperspektiven erwerben
Inhaltliche Kompetenzen	*conditionnel*-Formen und Gebrauch einüben

Premier pas : Invitez les élèves à noter un problème sur un bout de papier. Pour faciliter la tâche, vous pouvez donner un ou plusieurs exemples :

> *J'ai souvent mal à la tête …*
> *J'aimerais aller au concert de Zaz mercredi soir, mais mes parents ont dit que non …*
> *Comment me faire de nouveaux amis ?*
> *J'ai mal aux dents, mais je ne veux pas aller chez le dentiste …*
> *J'ai un copain, mais je suis tombée amoureuse d'un autre garçon …*

Deuxième pas : On met les papiers ensemble et chaque élève en tire un. A tour de rôle les élèves présentent donc leur problème à la classe. Les camarades doivent alors donner des conseils en utilisant des structures comme p. ex. :

> *Moi, à ta place je ferais …*
> *Si j'étais à ta place, j'irais …*
> *Selon mon avis tu devrais … mais tu pourrais aussi …*
> *Ce serait mieux de …*
> *Il vaudrait mieux que tu …*

Troisième pas : Quand tous ceux qui ont des conseils les ont exprimés, on continue par un autre problème et ainsi de suite.

4.23 Associations

Ziel/Leitidee	Assoziationen zu verschiedenen Gegenständen äußern
Lernjahr	ab 3. Lernjahr
Material	verschiedene Gegenstände
Sozialform	Plenum
Allgemeine Kompetenzen	die Fantasie und das freie, spontane Sprechen fördern
Inhaltliche Kompetenzen	Vergangenheitstempora einüben

Premier pas : Apportez divers objets, p. ex. une coquille, un ballon etc.

Deuxième pas : Demandez aux élèves de bien regarder les objets et de parler de leurs idées en voyant ces objets. Bien sûr, vous pouvez inviter les élèves à penser à certains événements, p. ex. leurs dernières vacances, leurs hobbies etc.

Troisième pas : Veillez à ce que les élèves utilisent les temps du passé.

4.24 Monologue-minute

Ziel/Leitidee	frei über ein Thema sprechen
Lernjahr	ab 3. Lernjahr
Material	Themenliste, evtl. je ein Würfel pro Schüler
Sozialform	Einzelarbeit
Inhaltliche Kompetenzen	das freie und zusammenhängende Sprechen schulen

Vous écrivez une liste de sujets au tableau que vous numérotez de 1 à 6.
Les élèves choisissent soit un sujet, soit qu'ils jettent les dés pour trouver leur sujet.
Un élève doit alors parler pendant une minute de son sujet.

Remarque On peut aussi laisser quelques minutes aux élèves pour préparer leur monologue.

Les camarades et le professeur peuvent prendre des notes et donner leur feedback après le monologue.

Sujets				
parents	amis	plage	vêtements	le dernier weekend
santé	travail	hobbies	souvenirs	temps libre
nourriture	Noël	éducation	école	environnement
amitié	amour	religion	musique	Internet
portable	sport	anniversaire	voyage	animaux
ville	télévision	matières	vélo	frères et sœurs
shopping	dimanche	maison	théâtre	petit-déjeuner
train	heure	région	viande	soir
voiture	cadeau	retard	matin	chanter
couleur	ordinateur	été	radio	Nouvel An
Afrique	montagne	mer	chocolat	supermarché

Fiche d'évaluation				
	Notes	☺	☺	☹
prononciation				
vocabulaire				
grammaire				
contenu/originalité				
cohérence				
fluidité				

4.25 Discussions-mini

Ziel/Leitidee	Diskutieren
Lernjahr	ab 3. Lernjahr
Material	Diskussionsthemenliste
Sozialform	Partnerarbeit
Allgemeine Kompetenzen	Entwicklung von Diskursstrategien: zuhören, nachfragen, überzeugen
Inhaltliche Kompetenzen	den Einsatz von Redemitteln schulen und grundlegende grammatische Strukturen üben

Premier pas: Les élèves forment des groupes de deux. Vous leur proposez différents sujets de discussion et donnez quelques règles fondamentales: il n'est pas permis de couper la parole à l'autre, chacun se réfère à ce qui a été dit avant …

Deuxième pas: Un élève prend le rôle de celui qui est pour et l'autre de celui qui est contre.

Remarque Il est conseillé de réviser avec les élèves les expressions qui structurent et articulent une discussion.

Variante

Les élèves peuvent aussi discuter à plusieurs. Il est donc utile de distribuer les rôles, p. ex. qn qui relance la discussion, qn qui donne toujours son avis, qn qui est toujours contre toute proposition, qn qui approuve chaque proposition etc.

Sujets de discussion

Faut-il travailler pendant les vacances?
Les jeux-vidéo sont-ils dangereux pour les jeunes?
Les jeunes doivent participer activement à la société.
fumer dans les restaurants
voyager sans parents

Mots pour discuter, lier ses arguments et terminer
d'abord
pour commencer
puis, ensuite
en plus
c'est pourquoi
il est vrai que ... mais
donc
alors
par conséquent
pourtant
en conclusion
pour terminer

Pour exprimer son opinion, son doute
je crois que
je ne suis pas d'accord avec
je trouve/je pense que
je suis d'avis que
selon moi
à mon avis
tu as raison/tort
C'est évident que
Mais dites-moi
Alors vous disiez que
Vous pourriez m'expliquer ce que vous
Je ne suis pas sûr,e que
D'après ce que je sais
Mais il faut penser à

4.26 Parler des images

Ziel/Leitidee	Biografien oder Geschichten zu Bildern erfinden
Lernjahr	ab 3. Lernjahr
Material	Abbildungen von Personen; evtl. Karten mit Fragen
Sozialform	Plenum/Gruppenarbeit/Partnerarbeit/Einzelarbeit
Allgemeine Kompetenzen	die Fantasie fördern
Inhaltliche Kompetenzen	Hypothesen, Vermutungen anstellen

Première pas: Vous montrez une photo aux élèves et distribuez des cartes contenant des questions. Les élèves ont cinq minutes pour répondre aux questions. Alternativement, les élèves peuvent tirer les cartes ou bien vous posez les questions pour que les élèves développent une histoire autour de la photo.

Questions

Que fait la personne sur la photo?   *Qu'est-ce qu'elle veut faire à cet endroit?*

Quand est-ce qu'elle le fait?   *Qu'est-ce que la personne sent?*

Décris la journée de la personne.   *Qu'est-ce que la personne pense?*

Quel est son métier?   *Qu'est-ce qui s'est passé une heure plus tôt?*

Quel âge a-t-elle?   *Où est-ce qu'elle va dans vingt minutes?*

Avec qui est-ce qu'elle vit?   *A qui est-ce qu'elle va parler?*

Comment est-elle?   *Qu'est-ce qu'elle dit?*

Que va t-elle faire dans une heure/ dans une semaine?

Pourquoi est-elle à cet endroit?

Deuxième pas: Ensuite, les élèves peuvent écrire une histoire autour de la photo.

Variante

Les élèves peuvent travailler à deux. Ils parlent de leurs hypothèses et se décident pour une version qu'ils présentent à la classe. On élit ensuite le groupe qui tient la version la plus originale.

Parler des images

Webcode: FF017294-013

4.27 Synchroniser des images

Ziel/Leitidee	verschiedene alltägliche Szenen versprachlichen
Lernjahr	ab 3. Lernjahr
Material	keines
Sozialform	Plenum
Allgemeine Kompetenzen	den spielerischen Ausdruck schulen
Inhaltliche Kompetenzen	die Aussprache schulen

Premier pas: Les élèves forment de petits groupes de quatre personnes. Deux groupes travaillent ensemble. Vous écrivez des sujets au tableau:

Exemples
au restaurant
à la réception d'un hôtel
dans le train
sur la plage
dans le métro
au cinéma
une dispute
à table à la maison
dans un magasin
au bureau

Deuxième pas: Un des groupes choisit un thème et joue une scène qui se passe dans ce lieu, mais sans paroles.

Troisième pas: L'autre groupe rejoue cette scène et imagine le dialogue correspondant. Après les autres donnent leur feedback.

Remarque Il faut attirer l'attention des élèves sur le fait qu'ils doivent surtout jouer sur la mimique et les gestes quand ils jouent la scène sans paroles.

4.28 Prononcer des propositions conditionnelles

Ziel/Leitidee	Konditionalsätze bilden
Lernjahr	ab 3. Lernjahr
Material	keines
Sozialform	Plenum
Inhaltliche Kompetenzen	Personalpronomen und Konditionalsatz wiederholen

Premier pas: Vous écrivez au tableau les formes et mots à utiliser.

Exemple

Si tu	me	donnes		je	te	prête
	me	montres			t'	offre
		expliques				paie
		invites				essaie
		conduis				explique
		téléphones				achète

Si vous	me	demandez
	m'	écrivez
		dites
		achetez
		prêtez

Deuxième pas: À tour de rôle, les élèves font des propositions d'échange en utilisant les mots et structures donnés, p. ex: *Si tu me donnes ton livre, je t'explique l'exercice.*

5   Production écrite

Die Vermittlung von Schreibkompetenz gehört zu den zentralsten Aufgaben von Schule überhaupt. Auch im Fremdsprachenunterricht fällt dem Schreiben eine sehr große Bedeutung zu. Dabei soll aber vor allem nicht die Freude am Schreiben verloren gehen. Authentische Kommunikationssituationen kommen den kommunikativen Bedürfnissen der Schüler entgegen und motivieren sie zum Bewältigen der Aufgaben. Kreative Aufgabenstellungen sollen die Fantasie der Schüler anregen, insbesondere wenn es um das Verfassen von Geschichten und das freie Schreiben geht.

Die in diesem Kapitel zusammengestellten Übungen liefern verschiedenste Anregungen zum Schreiben, wobei die Schüler auch unterschiedlichste Textsorten, wie z. B. E-Mails, Blogbeiträge, Postkarten mit Wünschen sowie den Textsortenwechsel kennenlernen und einüben. Berücksichtigt wird auch, dass Texte nicht unbedingt nur von einem Schüler verfasst werden müssen, viele Aufgaben können auch in Partner- oder Gruppenarbeit erledigt werden.

5.1   Compléter des débuts de phrases

Ziel/Leitidee	Satzanfänge weiterführen
Lernjahr	ab 1. Lernjahr
Material	keines
Sozialform	Einzelarbeit
Inhaltliche Kompetenzen	korrekte Sätze schreiben

Proposez aux élèves différents débuts de phrases. Les élèves les complètent. Bien sûr, ils peuvent écrire plusieurs phrases ou un petit texte.

Remarque Souvent le subjonctif est nécessaire. Il est conseillé de proposer aux débutants d'écrire des mind-maps.

Exemples
L'amour pour moi, c'est …
La famille pour moi, c'est …
Les vacances, c'est …
L'amitié pour moi, c'est …
Ma vie idéale, c'est …

5.2 Se présenter en poème

Ziel/Leitidee	ein Gedicht über sich selbst als Person verfassen
Lernjahr	ab 1. Lernjahr
Material	evtl. zweisprachige Wörterbücher, Beispielgedicht
Sozialform	Einzelarbeit
Allgemeine Kompetenzen	die Freude am Sprechen und Schreiben auf Französisch fördern
Inhaltliche Kompetenzen	spielerisch mit Französisch umgehen, über sich als Person sprechen können

Premier pas: Montrez le poème comme exemple à la classe. Ensuite, invitez les élèves à se décrire eux-mêmes dans un poème selon le modèle. Les élèves peuvent utiliser des dictionnaires bilingues.

Deuxième pas: On peut exposer tous les poèmes dans la salle de classe.

Exemple	
Moi en poème	
prénom	*Daniel*
trois traits de caractère	*ouvert, un peu distrait, tolérant*
frère d(e)	*Amélie*
ami,e d(e)	*Dennis*
qui aime (deux choses)	*qui aime la musique, le football*
qui déteste	*qui déteste les mensonges*
qui adore manger	*qui adore manger des pommes*
qui a peur de	*qui a peur de la destruction de l'environnement*
qui a besoin de	*qui a besoin du soleil*
qui aimerait voir	*qui aimerait voir le Brésil*
nom	*Reichel*

5.3   Ecrire des dictées

Ziel/Leitidee	Diktate schreiben
Lernjahr	ab 1. Lernjahr
Material	Texte zum Diktieren
Sozialform	Einzelarbeit/Partnerarbeit
Allgemeine Kompetenzen	das genaue Zu- und Hinhören schulen
Inhaltliche Kompetenzen	verschiedene Schreibtechniken und die Orthographie trainieren

Proposez différentes sortes de dictée à vos élèves :

Dictée à deux :	Les élèves se mettent à deux. Donnez-leur deux petits textes qu'ils se dictent à tour de rôle. Après, ils corrigent les dictées.
Dictée au téléphone :	Les élèves travaillent à deux. Ils sont au téléphone et reçoivent des informations en français qu'ils doivent noter. Bien sûr, ils peuvent poser des questions s'ils ne comprennent pas tout de suite ce que leur partenaire dit. Après, ils corrigent leurs notes. *Sujets :* une recette de cuisine, des numéros de téléphone de quelques hôtels en France, un itinéraire etc.
Dictée aux sons :	L'enseignant dicte un texte à toute la classe. Parfois il remplace un mot par un son (p. ex. il claque des mains ou il siffle). Les élèves sont alors obligés de compléter eux-mêmes le texte par les mots qui manquent, p. ex. des conjonctions, des prépositions.
Dictée à quatre coins :	Placez dans chaque coin de la salle de classe une feuille avec quelques phrases courtes. Les élèves travaillent à deux. Un des deux écrit, l'autre court dans les coins, lit les phrases et les dicte alors à son partenaire qui doit rester sur sa place. Chaque fois, l'élève qui court ne doit dicter qu'une phrase à son partenaire. Si vous limitez le temps, les groupes peuvent voir qui a le plus de phrases écrites et le moins de fautes.
Dictée musicale :	Distribuez aux élèves le texte d'une chanson française dans lequel manquent quelques mots et faites écouter les élèves la chanson. Les élèves doivent remplir les lacunes pendant ou après l'écoute de la chanson.

5.4　Inventer des biographies

Ziel/Leitidee	den Werdegang einer Person beschreiben
Lernjahr	ab 2. Lernjahr
Material	Abbildungen von Personen
Sozialform	Einzelarbeit/Partnerarbeit
Allgemeine Kompetenzen	die Fantasie fördern
Inhaltliche Kompetenzen	Präsens- oder Vergangenheitstempora wiederholen

Premier pas : Montrez des photos de quelques personnes aux élèves.

Deuxième pas : Les élèves travaillent à deux ou chacun pour soi. Ils choisissent une personne et imaginent la biographie et la vie de cette personne.

Troisième pas : Ceux qui veulent, présentent leur texte à toute la classe.

Remarque　Vous pouvez aider les élèves en leur posant des questions auxquelles leurs textes doivent répondre, p. ex. *Comment s'appelle la personne ? Où est-ce qu'elle vit maintenant et où est-ce qu'elle a vécu pendant son enfance, sa jeunesse ? Qu'est-ce qu'elle fait dans la vie ? Parlez de sa famille, de ses amis. De quoi est-ce qu'elle rêve, est-ce qu'elle a rêvé ?*

Variante

Vous donnez aux élèves trois photo de la « même » personne, p. ex. une datant de l'enfance, une datant de la jeunesse et une datant de la vie actuelle ou future.

Exemples

© juniart – Fotolia.com

© Alexander Raths – Fotolia.com

© contrastwerkstatt – Fotolia.com

5.5 Acrostiche

Ziel/Leitidee	Empfindungen und Assoziationen zu einem Begriff versprachlichen
Lernjahr	ab 2. Lernjahr
Material	keines
Sozialform	Einzelarbeit/Partnerarbeit
Allgemeine Kompetenzen	die Fantasie fördern
Inhaltliche Kompetenzen	bekannte Vokabeln zu einem Themengebiet wiederholen

Premier pas: Écrivez un mot-clé au tableau.

Deuxième pas: Pour chaque lettre, les élèves cherchent des mots qui commencent par cette lettre et qu'ils associent au mot-clé.

Troisième pas: Les élèves travaillent à deux ou chacun pour soi.

> Exemple
> V alise
> A ller à la mer
> C hercher des coquillages
> A bandonner l'école
> N ager dans la mer
> C hanger des habitudes
> E crire des cartes postales
> S oleil

5.6 Compléter des poèmes à trous

Ziel/Leitidee	Lücken in Gedichten schließen
Lernjahr	ab 2. Lernjahr
Material	kurze, einfache Gedichte, die mit Lücken versehen wurden
Sozialform	Einzelarbeit
Allgemeine Kompetenzen	die Freude am Sprechen und Schreiben auf Französisch fördern
Inhaltliche Kompetenzen	spielerisch mit Französisch umgehen, Texte sinngemäß ergänzen

Premier pas: Distribuez aux élèves les poèmes contenant des lacunes. Les élèves lisent le poème. S'ils ont des problèmes de compréhension, on parle ensemble du vocabulaire etc. Quand toute la classe a bien compris le texte, les élèves remplissent les lacunes selon le contexte. Ainsi, ils créent de nouveaux poèmes.

Deuxième pas: Après, on compare les versions des élèves avec la version originale.

Remarque Au lieu de poèmes on peut aussi utiliser des chansons actuelles.

Exemple

Poème de Marc Alyn	Poème de Marc Alyn – solution:
On dit: «bête comme une oie», Mais moi, j'en ai vu, des oies, Qui _____ !	On dit: «bête comme une oie», Mais moi, j'en ai vu, des oies, Qui parlent latin et chinois!
On dit: «sournois comme un chat», Mais mon matou Attila _____ !	On dit: «sournois comme un chat», Mais mon matou Attila Tricote aux souris des bas!
On dit: «crier comme un veau», Mais celui de Marengo _____ !	On dit: «crier comme un veau», Mais celui de Marengo Chantait mieux que Caruso!
On dit: «fort comme un taureau», Mais, à la ferme, _____ _____ !	On dit: «fort comme un taureau», Mais, à la ferme, Noirau Pèse à peine trois kilos!
On dit: «sale comme un porc», Mais le cochon, _____ _____ !	On dit: «sale comme un porc», Mais le cochon, dans le Nord, Change de peau quand il sort!
On dit ci et on dit ça, Tantôt couci, puis couça Et patati et patata: Vraiment, on _____ !	On dit ci et on dit ça, Tantôt couci, puis couça Et patati et patata: Vraiment, on dit n'importe quoi!

Alyn Marc (1979) « L'arche enchantée ». Editions ouvrière. Dans: Le rire en poésie. Gallimard jeunesse. Folio junior 920, 28.

5.7   Ecrire des cartes postales, des e-mails

Ziel/Leitidee	Karten schreiben
Lernjahr	ab 2. Lernjahr
Material	evtl. Postkarten, evtl. Arbeitsblatt mit Formulierungshilfen
Sozialform	Einzelarbeit
Inhaltliche Kompetenzen	Gefühle ausdrücken, Wünsche und Glückwünsche aussprechen

Premier pas: Distribuez à chaque élève une carte postale et collectionnez ensemble avec eux les phrases toutes faites qu'il faut pour féliciter quelqu'un.

Deuxième pas: Ensuite, les élèves forment des groupes de deux. Dites-leur de s'écrire une carte postale pour féliciter l'autre lors d'un examen réussi, de son anniversaire, de son mariage, de Noël etc. Bien sûr, il faut répondre à la carte.

> Variation
> On peut aussi donner des thèmes aux élèves, p. ex.:
> *Tu veux préparer une fête d'adieu pour le groupe français de l'échange scolaire. Ecris à tes camarades pour qu'ils t'aident.*
> *Tu as beaucoup d'idées pour la période après le bac. Tu en parles à ton meilleur ami.*
> *Tu vas passer les vacances à la Martinique. Tu informes ton ami sur cette île pour le convaincre de t'accompagner.*

Liste des vœux

Mes meilleurs vœux!	Je pense à toi et espère que tu te sentiras mieux
Que tous tes désirs se réalisent.	bientôt.
Bon courage!	Bonne année!
Bon rétablissement!	Félicitations à vous deux!
Félicitations!	Prompt rétablissement!
Je pense à toi.	Bonne et heureuse année!
Joyeux anniversaire!	Félicitations et meilleurs vœux à vous deux
Bonne continuation!	pour votre mariage.
Félicitations pour tes examens!	Rétablis-toi vite.
Nous vous souhaitons à vous deux tout le	Bonnes Pâques!
bonheur du monde.	Bonne chance!
Je vous souhaite de très bonnes fêtes de fin	Joyeuses Pâques!
d'année.	Mes meilleurs vœux pour Noël et la nouvelle
Bon anniversaire!	année!
Joyeux Noël!	
Bien joué pour les examens et bonne chance	
pour le futur.	

5.8   Ecrire son blog

Ziel/Leitidee	Beiträge in einem Blog schreiben
Lernjahr	ab 2. Lernjahr
Material	evtl. Internetblog eröffnen
Sozialform	Einzelarbeit
Allgemeine Kompetenzen	auf andere Beiträge eingehen
Inhaltliche Kompetenzen	kurze Texte verfassen, seine Meinung und Gefühle ausdrücken, Stellung nehmen

Premier pas : Entamez un entretien sur la communication sur Internet en général avec vos élèves et faites-les parler de leur utilisation d'Internet.

Deuxième pas : Les élèves doivent alors créer leur blog. Vous pouvez d'abord initier un blog sur le site de lo-net2 (www.lo-net2.de).

> **Remarque** Comme toute information donnée sur Internet est visible dans le monde entier, dites clairement à vos élèves qu'il ne faut jamais publier sur Internet son adresse, numéro de téléphone, nom complet, adresse e-mail etc.

Troisième pas : Il est conseillé de donner le sujet du blog, p. ex. :

> Exemples
>
> *Toi et ton ami, vous êtes en vacances en France. Chaque soir, vous écrivez un petit texte pour votre blog. Vous parlez des lieux que vous avez vus, des personnes qui vous ont parlé, de vos impressions de la ville/du village ou vous avez passé la journée.*
>
> *Pour beaucoup, le groupe d'amis représente la forme idéale de l'amitié, on ne fait rien sans sa bande d'amis. Pour d'autres, il vaut mieux avoir un ou deux amis sur qui on peut compter, plutôt que beaucoup de copains. Pour certains on peut vivre et sortir très bien seul. Sur ton blog tu donnes ton avis sur le thème : « Jamais sans mes amis ».*
>
> *Ta classe a joué contre la classe d'une autre école (match ou concours). Sur ton blog tu décris cette journée (date, lieu, personnes présentes etc.). Tu précises qui a gagné et tu parles aussi de tes impressions.*
>
> *Les adultes critiquent souvent le manque de politesse des jeunes - dire bonjour ou merci, arriver à l'heure, offrir sa place dans le métro etc. Tout ça, cela n'est plus évident. Sur ton blog, tu donnes ton opinion et tu écris ce que c'est pour toi, la politesse. Tu parles aussi des règles que tu respectes toujours.*

5.9 Chercher un partenaire

Ziel/Leitidee	Schüler suchen einen Austauschpartner
Lernjahr	ab 2. Lernjahr
Material	evtl. Arbeitsblatt („A la recherche d'un partenaire")
Sozialform	Einzelarbeit
Inhaltliche Kompetenzen	Personen beschreiben, sich vorstellen

Premier pas: Les élèves cherchent un partenaire en France pour un échange de trois semaines. Ils se présentent et décrivent le partenaire qu'ils cherchent.

Deuxième pas: Ensuite, ils écrivent aussi une lettre ou e-mail à leur partenaire.

Variation

Alternativement, les élèves peuvent aussi chercher un partenaire pour une excursion, un voyage à Marseille, Paris, Lyon etc.

5.10 Terminer une histoire

Ziel/Leitidee	eine Fantasiegeschichte schreiben
Lernjahr	ab 2. Lernjahr
Material	keines
Sozialform	Partnerarbeit/Plenum
Allgemeine Kompetenzen	die Fantasie fördern
Inhaltliche Kompetenzen	Wortschatz festigen, *imparfait* und *passé composé* einüben

Premier pas: Distribuez le début d'une histoire aux élèves. Ils ont quinze minutes pour imaginer et écrire la fin de l'histoire.

Deuxième pas: Ceux qui veulent présentent leurs histoires en classe.

Remarque Vous pouvez aussi indiquer quelques mots qui doivent apparaître dans l'histoire que les élèves écrivent. Pour la plupart des élèves, cela facilite l'écriture.

Exemple

Ce matin, tout partait très mal pour moi. D'abord, je n'ai pas trouvé mon pantalon préféré que je voulais me mettre pour cette occasion si importante pour moi. Ensuite, il n'y avait plus de café. Alors, je devais quitter la maison sans café. A la gare, ça n'était pas mieux: mon train avait 30 minutes de retard. Alors, j'ai décidé de …

A la recherche d'un partenaire

Décris toi toi-même et décris le partenaire que tu cherches.

Prénom: _____

Nom: _____

Age: _____

Couleur de cheveux: _____

Couleur des yeux: _____

Signe du zodiaque: _____

Hobbies et intérêts: _____

J'adore: _____

Je déteste: _____

Ce que je porte toujours sur moi: _____

Sport préféré: _____

Plat préféré: _____

Animal préféré: _____

Vacances idéales: _____

Musique: _____

Religion: _____

Caractère: _____

Je cherche un partenaire qui: _____

_____

_____

_____

_____

_____

Webcode: FF017294-014

5.11 Ecrire des histoires à l'aide de mots-clés

Ziel/Leitidee	eine Geschichte zu vorgegebenen Stichworten schreiben
Lernjahr	ab 3. Lernjahr
Material	5 Karten mit je einem Stichwort pro Schüler
Sozialform	Einzelarbeit/Plenum
Allgemeine Kompetenzen	die Fantasise fördern
Inhaltliche Kompetenzen	eine Geschichte sprachlich korrekt formulieren

Premier pas : Chaque élève reçoit cinq cartes contenant des mots. Pendant 15 minutes les élèves écrivent une petite histoire à partir de ces mots.

Deuxième pas : Ensuite, ils les présentent en classe.

Variante 1
Invitez les élèves à noter un substantif sur les cinq cartes que vous leur avez distribuées avant. On met toutes les cartes dans un carton. Un volontaire en tire cinq cartes. L'élève doit alors raconter une histoire contenant ces trois mots. Après, il nomme un camarade qui devra tirer cinq autres cartes et raconter une nouvelle histoire.

Variante 2
Au lieu de donner des mots aux élèves, vous pouvez aussi leur proposer une histoire illustrée qu'ils doivent raconter. Pour varier les histoires que les élèves écrivent, on peut enlever la dernière vignette de l'histoire. Ainsi, les fins d'histoires vont différer.

5.12 Ecrire une histoire d'images

Ziel/Leitidee	eine Fotostory gestalten
Lernjahr	ab 3. Lernjahr
Material	Digitalkameras oder Handykameras
Sozialform	Partnerarbeit/Gruppenarbeit
Allgemeine Kompetenzen	die Fantasie fördern
Inhaltliche Kompetenzen	korrekte Sätze und Äußerungen aufschreiben

Premier pas : Les élèves prennent des photos – surtout des personnes – avec leurs appareils-photo.

Deuxième pas : À l'aide de l'ordinateur, ils les arrangent sur une feuille. Ensuite, ils ajoutent des bulles.

Troisième pas : Les élèves forment des groupes de deux ou quatre. Chaque groupe choisit alors une feuille et écrit des phrases, commentaires, propos convenant dans les bulles.

Quatrième pas : On peut exposer toutes les histoires dans la salle de classe.

Remarque Vous pouvez donner un sujet aux élèves.

5.13   Compléter une bande dessinée

Ziel/Leitidee	einen Comic versprachlichen
Lernjahr	ab 3. Lernjahr
Material	Comicszene ohne Gesprächsinhalte kopieren
Sozialform	Einzelarbeit/Partnerarbeit
Inhaltliche Kompetenzen	direkte und indirekte Rede einüben

Premier pas : Vous montrez la première vignette de la scène d'une B. D. à la classe. Les élèves décrivent la situation et formulent des hypothèses sur la scène.

Deuxième pas : Ensuite, vous distribuez la scène complète sans texte aux élèves. Les élèves remplissent les bulles – seuls ou à deux.

Troisième pas : Les différents groupes échangent leurs versions et comparent leurs versions avec la version originale.

Variante
Les élèves mettent les propos des personnes de la scène au discours indirect pour raconter la scène à leurs camarades.

5.14   Ecrire des histoires à l'aide de proverbes

Ziel/Leitidee	einen Text zu einem französischen Sprichwort verfassen
Lernjahr	ab 3. Lernjahr
Material	Liste oder Karten mit französischen Sprichwörtern
Sozialform	Einzelarbeit/Partnerarbeit
Allgemeine Kompetenzen	einen zusammenhängenden Text schreiben
Inhaltliche Kompetenzen	französische Sprichwörter kennen und verwenden

Premier pas : Chaque élève reçoit une carte avec un proverbe français. A tour de rôle, ils essaient de dessiner le proverbe au tableau ou de le mimer. Les camarades doivent deviner de quel proverbe il s'agit.

Deuxième pas : Après, chaque élève choisit un proverbe et écrit une petite histoire qui se termine par ce proverbe.

Proverbes
Tout est bien qui finit bien.
Avec des si on mettrait Paris en bouteille.
L'appétit vient en mangeant.
Comme on fait son lit, on se couche.
C'est en forgeant qu'on devient forgeron.
Il faut battre le fer quand il est chaud.
Après la pluie vient le beau temps.
Il n'y a que le premier pas qui coûte.
Il n'y a pas de fumée sans feu.
La peur donne des ailes.
Tout ce qui brille n'est pas or.
Ce n'est pas la mer à boire.
Tout vient à point à qui sait attendre.
Quand on n'a pas de tête, il faut avoir des jambes.
L'avenir appartient à ceux qui se lèvent tôt.
Le malheur des uns fait le bonheur des autres.
Les chiens aboient, la caravane passe.
On ne fait pas d'omelette sans casser des œufs.
Petit à petit, l'oiseau fait son nid.
Quand le chat n'est pas là, les souris dansent.
Paris ne s'est pas fait en un jour.
Tous les chemins mènent à Rome.
Une hirondelle ne fait pas le printemps.

5.15   Histoires de sons

Ziel/Leitidee	einen Text zu verschiedenen Geräuschen verfassen
Lernjahr	ab 3. Lernjahr
Material	evtl. Aufnahme bestimmter Geräuschkulissen
Sozialform	Partnerarbeit/Plenum
Allgemeine Kompetenzen	die Konzentration fördern
Inhaltliche Kompetenzen	einen kurzen Text mit Einleitung, Hauptteil und Schluss schreiben

Premier pas: Faites écouter à la classe de différents bruits ou sons (p. ex. bruits qu'on entend à la gare, dans la piscine). Les élèves devinent de quels bruits il s'agit.

Deuxième pas: Ensuite, présentez des petites « histoires de bruits » et invitez les élèves à écrire une histoire avec introduction, partie principale et fin dans laquelle ces bruits jouent un rôle crucial.

Histoires de bruits
aboiement d'un chien
miaulement d'un chat
un verre qui se casse
un enfant qui pleure
une porte qui grince
pas lents
qc qui tombe
qn qui court
bruits d'une grande rue
hurlement d'un moteur
bruit d'un accident
sirène

Troisième pas: Les élèves présentent leurs histoires à la classe.

Variante
En groupes, les élèves peuvent inventer eux-mêmes des bruits, qu'ils présentent à leurs camarades qui écrivent une histoire dans laquelle ces bruits jouent un rôle important.

Remarque Il n'est pas obligatoire d'enregistrer des bruits avant le cours. On peut produire des bruits directement dans la salle de classe, p. ex. claquement de porte, un cri, applaudissement etc.

5.16 Chatter

Ziel/Leitidee	auf Französisch chatten
Lernjahr	ab 3. Lernjahr
Material	keines
Sozialform	Plenum/Partnerarbeit
Allgemeine Kompetenzen	Kenntnis der Erzählperspektiven erwerben
Inhaltliche Kompetenzen	französische Chat- und SMS-Abkürzungen kennenlernen und verwenden

Premier pas: Révisez d'abord avec toute la classe le vocabulaire des champs lexicaux « Internet », « Portable », « SMS » et parlez de l'utilisation des portables et d'Internet que font vos élèves.

Deuxième pas: Faites alors connaître à la classe quelques abréviations françaises utilisées dans les chats français.

Troisième pas: Ensuite, les élèves se mettent à deux, et commencent à chatter en utilisant les abréviations.

Remarque On peut se donner rendez-vous sur Internet avec une classe en France ou la classe de français d'un collègue

Solutions
mais, à plus, à demain, ciné, énervé, t'es cassé (t'es fatigué), cadeau, quoi de neuf, descends, je vais au ciné, je vais rester, mort de rire, t'es la plus belle, rendez-vous demain, bises, j'essaierai de passer, rappelle-moi, je ne sais pas, je t'aime, j'ai la haine, je le savais, pas avant 18h, message, laisse tomber, j'étais en train de penser à toi

Le français des SMS

ms _____

@+ _____

A2M 1 _____

6né _____

NRV _____

TKC _____

Kdo _____

KOI29 _____

D 100 _____

Je V O 6né _____

J'V RST _____

MDR _____

T la +BL _____

RV 2M1 _____

Biz _____

GCRé 2 Pac _____

Rapl mwa _____

Chépa _____

Je t'M _____

G la N _____

J'le SaV _____

pas avt 18h _____

MSG _____

LS tomB _____

GT entr1 2 _____

penc a twa _____

5.17 Créer des prospectus

Ziel/Leitidee	Werbeflyer entwerfen
Lernjahr	ab 3. Lernjahr
Material	Bilder von skurrilen Erfindungen aus dem Internet
Sozialform	Einzelarbeit/Partnerarbeit
Allgemeine Kompetenzen	die Fantasie schulen
Inhaltliche Kompetenzen	kurze Werbetexte schreiben

Projetez des images de quelques inventions bizarres au mur et invitez les élèves à se décider pour l'une d'entre elles pour créer une publicité pour cette innovation.

Les élèves doivent alors imaginer une mise en page et un petit texte publicitaire (p. ex. un slogan, un petit informatif, des bulles, un dialogue etc.):

Choisissez une des inventions et créez une publicité pour ce produit.
Donnez un nom à l'invention, décrivez sa fonction et ventez ses avantages.

Remarque Insistez à ce que les élèves utilisent le subjonctif et l'impératif.

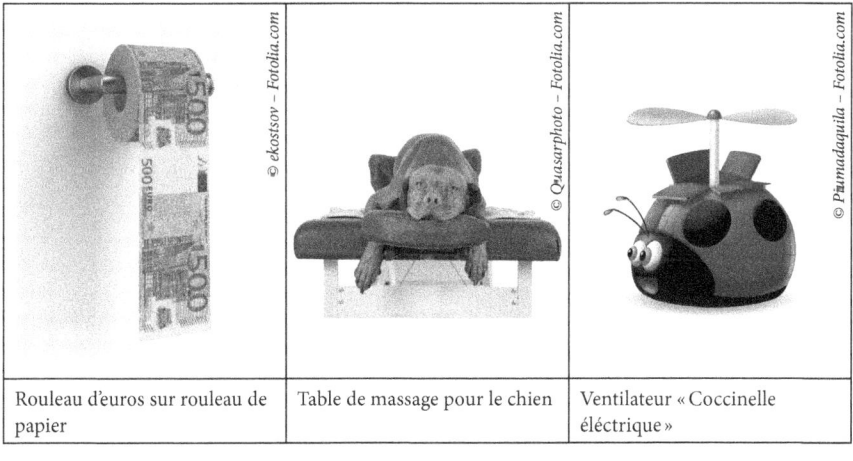

Rouleau d'euros sur rouleau de papier	Table de massage pour le chien	Ventilateur « Coccinelle éléctrique »

5.18 Ecrire des contes de fées

Ziel/Leitidee	Märchen schreiben
Lernjahr	ab 4. Lernjahr
Material	Bilder mit typischen Märchenfiguren oder Märchenobjekten
Sozialform	Einzelarbeit/Gruppenarbeit
Allgemeine Kompetenzen	die Fantasie fördern
Inhaltliche Kompetenzen	die schriftliche Ausdrucksweise fördern

Premier pas: Chaque élève pioche deux cartes sur lesquelles il y a des personnages ou des objets typiques des contes de fées.

Deuxième pas: Les élèves ont alors dix à quinze minutes pour écrire un conte de fées dans lequel ces deux personnages jouent un rôle principal.

Troisième pas: Ils peuvent librement décider du lieu, du temps, de la place etc.

Quatrième pas: Quand les élèves ont fini, ils forment des groupes de quatre et ils présentent leurs contes.

> **Remarque** Avant l'écriture des contes, révisez le vocabulaire utile, p.ex.
> *substantifs:* la sorcière, le prince charmant, la princesse, le fantôme, une fée, un puits, une épée, un crapaud, un nain
> *adjectifs:* envoûté,e, empoisonné,e, magique, méchant,e ôté,e
> *verbes et phrases toutes faites:* il était une fois, perdre, lutter, se métamorphoser, transformer qn, voler, ensorceler, et s'ils ne sont pas morts, ils vivent encore
> *adverbes:* ensuite, tout de suite, finalement, soudain, tout à coup, après, à la fin

5.19   Compléter des histoires à trous

Ziel/Leitidee	zu einem vorgegebenen Anfang und Ende den Mittelteil einer Geschichte schreiben
Lernjahr	ab 4. Lernjahr
Material	1 oder mehrere Lückengeschichten, evtl. Wörterbücher
Sozialform	Einzelarbeit/Gruppenarbeit
Allgemeine Kompetenzen	die Fantasie fördern
Inhaltliche Kompetenzen	die schriftliche Ausdrucksweise fördern, den Umgang mit dem ein- oder zweisprachigen Wörterbuch üben

Premier pas: Les élèves reçoivent le début et la fin d'une histoire. Ensemble on les lit.

Deuxième pas: Ensuite, les élèves ont quinze à vingt minutes pour écrire la partie principale de l'histoire qui manque entre le début et la fin.

Troisième pas: Les élèves peuvent se mettre à deux et échanger leurs histoires pour que l'autre la corrige.

Quatrième pas: Ceux qui veulent, présentent leurs histoires en classe. Vous pouvez corriger les fautes. Les camarades de classe donnent leur feed-back.

Variation
Les élèves peuvent se mettre en petits groupes pour écrire la partie principale.

Exemples
Histoire 1 :
J'étais bien assis dans ma chambre, j'étais sur facebook. Tout d'un coup ma sœur a crié : « Martine est-ce que tu as ramassé la volière ou est-ce qu'elle est encore sur la terrasse ? » J'étais terrifié,e …

On arrivait juste à l'heure pour le dîner. Sinon, nos parents se seraient sûrement doutés de quelque chose.

Histoire 2 :
Cette nuit était très sombre. On ne pouvait presque pas voir la lune. J'étais assis,e devant le feu dans la cheminée et je ne voulais absolument pas qu'on me dérange …

Très soulagé,e je riais.

5.20   Compléter des dialogues dans un texte

Ziel/Leitidee	direkte Rede im Text ergänzen
Lernjahr	ab 4. Lernjahr
Material	Romanauszug, in dem Teile der wörtlichen Rede durch Lücken ersetzt wurden
Sozialform	Partnerarbeit
Allgemeine Kompetenzen	das Leseverstehen und das gestalterische Schreiben fördern
Inhaltliche Kompetenzen	Texte sinngemäß mit direkter Rede ergänzen

Premier pas : Donnez une introduction au roman duquel est tiré l'extrait. Il est conseillé d'élaborer avec la classe un champ de mots pour familiariser les élèves avec le vocabulaire du texte. Ensuite, les élèves reçoivent l'extrait du roman, dans lequel manque la plupart du discours direct.

Deuxième pas : Les élèves lisent l'extrait. S'ils ont des problèmes de compréhension, on parle ensemble du vocabulaire etc. Quand toute la classe a bien compris le texte, les élèves forment des groupes de deux. Ils complètent alors les parties du discours direct qui manquent.

Troisième pas : Les groupes présentent leurs solutions. Ensuite, on compare les versions des élèves avec la version originale.

Quatrième pas : Comme roman on peut se servir p. ex. de *No et moi* de Delphine Vigan.

5.21 Types de texte

Ziel/Leitidee	Textsorte umschreiben
Lernjahr	ab 4. Lernjahr
Material	verschiedene geeignete Texte
Sozialform	Einzelarbeit
Allgemeine Kompetenzen	den Wechsel der Perspektive üben
Inhaltliche Kompetenzen	verschiedene Textsortenmerkmale üben, Sprachstil eines Textes verändern

Premier pas : Distribuez aux élèves un texte. Lisez-le ensemble et parlez-en avec toute la classe. Il est important que les élèves comprennent le texte.

Deuxième pas : Ensuite, les élèves doivent changer la sorte de texte, p. ex :

Exemples
- *Ils écrivent une lettre à base d'un SMS ou ils raccourcissent une lettre pour qu'elle devienne un SMS.*
- *Sur la base d'un article de journal ils écrivent un rapport personnel ou vice versa.*
- *Partant d'une interview, les élèves écrivent un article pour un magazine.*
- *Sur la base d'une histoire les élèves créent un roman-photos en prenant des photos auxquelles ils ajoutent des bulles.*

Troisième pas : Ensuite, les élèves présentent leurs textes.

6 Compréhension orale

Richtige Kommunikation in Echtsituationen funktioniert nur, wenn das Hörverstehen gewährleistet ist. Der moderne Fremdsprachenunterricht findet – von Ausnahmesituationen abgesehen – in der Zielsprache statt und ist daher – aus Schülersicht – von Anfang an «Hörverstehen».

In diesem Kapitel werden Möglichkeiten vorgestellt, schon gleich zu Beginn kleine Hörerfolge zu sichern, um sich mit fortschreitendem Sprachniveau an komplexere, authentische Hörtexte zu wagen, die sich von reinen Lehrbuchtexten wegbewegen. Wert gelegt wird auf wichtige Aspekte wie Sprecheranzahl bzw. Geräuschkulisse sowie die Tatsache, dass sich Hörtexte durch ihre Flüchtigkeit von Lesetexten unterscheiden. Eine große Vielfalt an Hörtexten, anwendbar auf verschiedene Klassenstufen und Sprachniveaus, ist unabdingbar für die Schulung des Hörverstehens und bietet über die Sprachquelle «Lehrer» hinaus einen Pool an muttersprachlichen Sprechern und authentischen Texten, die wiederum Ausgangspunkt für die eigene Sprachproduktion werden können, auch in Hinsicht auf korrekte Aussprache, Flüssigkeit und Idiomatik.

6.1 On joue au sourd

Ziel/Leitidee	erste Hörerfolge sichern, Freude am Chanson entwickeln
Lernjahr	ab 1. Lernjahr
Material	Tafel bzw. Arbeitsblatt
Sozialform	Einzelarbeit
Inhaltliche Kompetenzen	Wortarten erkennen

Premier pas: Donnez aux élèves quelques groupes de mots assortis et dites-leur de décider, pendant l'écoute, lesquels de ces mots figurent effectivement dans les paroles de la chanson. Les élèves les cochent ou les soulignent. S'il s'agit de débutants, ne leur proposez pas trop de mots parce que le but de l'exercice est de leur démontrer qu'ils comprennent déjà quelque chose en français.

Deuxième pas: Si par contre les élèves ont déjà un niveau un peu plus avancé, vous pouvez leur donner plusieurs catégories comprenant plus de trois mots chacune (mais cela dépend, bien sûr, du degré de difficulté de la chanson).

Remarque Après l'écoute et un premier bilan, vous leur présentez les paroles de la chanson et l'écoutez encore une fois, cette fois-ci les élèves devront souligner ou colorier les mots dans le texte en écoutant.

Troisième pas : Puisqu'il ne s'agit pas nécessairement de comprendre le contenu ou le message de la chanson, qui peut aussi être trop difficile pour les élèves, vous pouvez ensuite vous concentrer sur une ou plusieurs des catégories de mots du début (dans le cas de « Paris » vous cherchez ensemble d'autres endroits où on peut aller, à part les restos, les bistrots et les cafés, d'autres villes, couleurs, parties du corps, noms, mots sur le temps comme tous les jours, toujours), en fait, vous pourriez aussi faire précéder l'écoute de ce genre d'exercice.

Exemple 1 : « Paris » des Wise Guys
Dans chaque groupe de mots ou expressions, il y en a un ou une qui est effective-ment dans les paroles de la chanson. Quels mots croyez-vous entendre ?

1) Lyon	*Nantes*	*Paris*	*Marseille*
2) Il fait très beau.	*Il fait très chaud.*	*Il fait très froid.*	
3) Il pleut.	*Il neige.*		
4) restaurant	*bistrot*	*café*	
5) Pascale	*Margot*	*Chantal*	*Gisèle*
6) Je suis français.	*Je suis anglais.*	*Je suis allemand.*	
7) Mademoiselle	*Madame*	*Monsieur*	
8) le nez	*les mains*	*les yeux*	*les pieds*
9) rouge	*bleu*	*vert*	*noir*
10) Qu'est-ce que tu veux?	*Qu'est-ce que tu penses?*		*Qu'est-ce que tu dis?*
11) Je ne veux plus.	*Rien ne va plus.*	*À plus!*	
12) toujours	*tous les jours*	*bonjour*	
13) Renault	*Citroën*	*Peugeot*	

Paris

Ein Frühlingsabend in Paris.
Das Wetter ist ein bisschen mies :
Il fait très froid und dann il pleut –
ich werde nass und denk: « Och nö! »
Ich rette mich ins Grand Café,
wo ich den Kellner überseh.
Ich weiche aus und stoß frontal
zusammen mit einer Chantal.
« Nix passiert? Da bin ich froh! »
Ich order erst mal zwei Merlot.
Wir setzen uns und auf den Schreck
hauen wir die zwei Merlot gleich weg.
Ich sag zu ihr: « Je suis allemand,
und mein Français ist nicht so bon.
Wenn's mir erlaubt ist, sag ich 'du' –
oder bleiben wir beim 'vous'?

Sie ist charmant, diese Chantal,
und redet wie ein Wasserfall.
Wie schad, dass ich kein Wort versteh.
Doch als ich ihre Augen seh,
sag ich zu ihr: « Chère mademoiselle,
normal verlieb ich mich nicht schnell,
doch deine Augen, ja, les yeux,
die sind so unwahrscheinlich bleu!
Ach, sag mir doch: Qu'est-ce que tu penses?
Hab ich denn überhaupt 'ne Chance?
Ist es verlorene Liebesmüh'?
Sagst du zu mir 'Rien ne va plus?' »
Ich nehme zärtlich ihre Hand.
Draußen der erste Autobrand.
Ein hochromantischer Moment,
als bald die halbe Straße brennt.

Oh là là, Paris ist wie ein Paradies,
denn wie es aussieht hat l'amour
tous les jours Hochkonjunktur.
Oh la la, Paris ist wie ein Paradies,
als Stadt der Liebe, kein Klischee,
so wunderschön wie eh und je.

Oh là là, Paris …
…doch leider bin ich, sagt Chantal,
malheureusement nicht ganz ihr Fall.

Ein Frühlingsabend in Paris.
Das Wetter ist ein bisschen mies:
Il fait très froid und dann il pleut –
ich werde nass und denk: «Och, nö!»
© *Wise Guys GbR, Hürth 2015 (musique et texte: Daniel «Dän» Dickopf)*

Exemple 2: «Un jeu» de Karpatt
Groupes de mots:

1) *jeu*	*juin*	*jaune*		
2) *triste*	*marrant*	*amusant*		
3) *difficile*	*facile*			
4) *voiture*	*train*	*avion*	*bateau*	*vélo*
5) *tous les jours*	*toujours*	*bonjour*		
6) *la mer*	*le lac*	*le fleuve*		
7) *le parc*	*la plage*	*le jardin*		
8) *le chat*	*la souris*	*le chien*	*la vache*	
9) *l'après-midi*	*le soir*	*la nuit*		
10) *la tête*	*le ventre*	*la jambe*	*la main*	

Un jeu

Maman m'a montré un jeu quand j'étais tout p'tit
Tu vas voir c'est très marrant on va changer d'pays
Chez nous c'est pas facile, notre cabane est en bois
On va prendre un bateau y a pas d'place pour papa
C'était très rigolo les gens jouaient à tomber dans l'eau
Je sais qu'ils faisaient semblant, je l'sais j'suis pas idiot

Maman m'a montré un jeu quand j'avais mal au ventre
Tu vas voir c'est très marrant on va jouer à attendre
Quand on s'ra arrivé tu mangeras tout les jours
On gagnera plein d'argent pour faire venir papa un jour
De l'autre côté d'la mer, on a couru sur une plage
Y avait les sirènes de police on s'est caché sous les branchages

Maman m'a montré un jeu faut s'trouver un abri
Tu vas voir c'est très marrant on va camper la nuit
Y avait plein d'gens comme nous qui jouaient à cache-cache
On s'est fait une cabane dans un tuyau avec des vaches
Et puis toute la journée on attendait près des feux rouges
On lavait les voitures toutes les voitures avant qu'elles bougent

Maman m'a montré un jeu faut s'trouver d'l'argent
Tu vas voir c'est très marrant faut tendre la main aux gens
Elle rentrait pas souvent, elle travaillait le soir
Elle se faisait très belle pour attendre sur un trottoir
Moi j'aimais pas trop ça quand elle montait dans les voitures
Avec des gars bizarres qui lui faisaient des égratignures

Maman m'a montré un jeu faut s'trouver des papiers
Tu vas voir c'est très marrant on va jouer à s'cacher
Les flics nous on trouvé ils ont cogné sur nos têtes
Je savais bien qu'c'était qu'un jeu alors j'ai pas fait la mauviette
J'ai pas pleuré quand on nous a attaché dans l'fond d'un avion
J'ai compris qu'on avait gagné au grand jeu de l'immigration
© Karpatt (auteur et compositeur : Fred Rollat)

6.2   A la chasse du bon titre

Ziel/Leitidee	erste Hörerfolge sichern, Freude am Chanson entwickeln
Lernjahr	ab 1. Lernjahr
Material	keines
Sozialform	ganze Klasse
Allgemeine Kompetenzen	Hörverständis trainieren

Choisissez une chanson dont on comprend très bien le titre (et, si possible, le refrain), présentez-la aux élèves en leur disant de deviner comment elle s'appelle. Cette activité peut représenter un petit changement après un long temps de concentration ou d'écriture p. ex. : « Tout le bonheur du monde » (Sinsémilia), « Alors on danse » (Stromae), « Tous les mêmes » (Stromae), « Voyage Voyage » (Desircless), « Je veux » (Zaz), « Sur ma route » (Black M).

6.3   Du tube aux images

Ziel/Leitidee	erste Hörerfolge sichern, Freude am Chanson entwickeln
Lernjahr	ab 1. Lernjahr
Material	Folie bzw. Arbeitsblatt
Sozialform	Einzelarbeit/Partnerarbeit
Allgemeine Kompetenzen	Hörverständis trainieren

Donnez aux élèves une feuille avec quelques images ou symboles associés aux paroles de la chanson ou du texte qu'ils vont écouter et dites-leur de décider en écoutant lesquels correspondent à ceux du texte.

Exemple pour la chanson « Un jeu »
un bateau, la mer, une voiture de police, un avion, une voiture, une plage
(parmi d'autres images qui n'ont aucun rapport avec la chanson)

6.4   L'auditeur sportif

Ziel/Leitidee	erste Hörerfolge sichern, Freude am Chanson entwickeln
Lernjahr	ab 1. Lernjahr
Material	Papierschnipsel mit Textpassagen aus einem Lied, M&Ms, Gummibären oder ähnliche bunte Süßigkeiten
Sozialform	ganze Klasse, oder besser: Intensivierungsgruppen
Allgemeine Kompetenzen	Hörverständnis trainieren

Premier pas: Découpez les phrases d'une chanson et gardez celles qu'on peut bien comprendre. Photocopiez-les plusieurs fois selon le nombre des groupes que vous allez former. Divisez les élèves en groupes et donnez aux membres de chaque groupe les papiers avec les phrases.

Deuxième pas: Il faut qu'il y ait assez de place pour bouger, car l'idée est que les élèves doivent courir vers vous, le détenteur des sucreries, en entendant leur phrase. L'élève qui l'entend et court le plus vite reçoit le point = le bonbon ou quelque chose d'autre pour son groupe.

Remarque Il faudrait que la distance entre vous et les différentes équipes soit plus ou moins la même. Si le groupe est trop grand, le chaos est trop grand et on n'entend peut-être plus les paroles de la chanson. Il faut tenir compte du fait que si on choisit des passages qui se répètent on doit avoir plus de « prix ».

Variante
Vous donnez des petits cartons aux élèves sur lesquels vous aurez écrit certaines phrases de la chanson ou dessiné des mots contenus dans la chanson. Quand ils croient entendre leur phrase ou reconnaître leur dessin, les élèves doivent se lever et montrer leur carton ou bien aller au tableau pour y écrire leur phrase/mot.

Exemples pour « Un jeu » de Karpatt
- *Maman m'a montré un jeu*
- *Tu vas voir c'est très marrant*
- *On va prendre un bateau*
- *On a couru sur une plage*
- *et puis toute la journée*
- *moi j'aimais pas trop ça*
- *j'ai pas pleuré*

6.5　Etre « canon » en prononciation

Ziel/Leitidee	Ausspracheschulung, erste Hörerfolge sichern
Lernjahr	ab 1. Lernjahr
Material	Folie bzw. Arbeitsblatt
Sozialform	ganze Klasse/Partnerarbeit
Inhaltliche Kompetenzen	die französischen Ausspracheregeln und die Lautschrift kennenlernen

Avant d'écouter un texte, choisissez quelques mots qui, selon vous, pourraient soulever des problèmes de prononciation, soulignez-les et dites aux élèves d'essayer de les prononcer avec leurs partenaires. Puis présentez-leur le document sonore en leur disant de bien faire attention à ces mots. Après l'écoute, répétez les mots ensemble.

Variante 1

Les élèves ont souvent tendance à prononcer les -ent de la troisième personne du pluriel ou les lettres muettes (les s !). Vous pouvez donc préparer le texte à écouter en tenant compte de ce fait et leur dire de p. ex. marquer tous les s qui se prononcent (attirez leur attention sur le phénomène de la liaison) ou bien de décider si certaines lettres se prononcent ou pas.

Variante 2

Vous vous concentrez sur des mots contenant le même son et écoutez le texte plusieurs fois en coloriant d'une même couleur les mots qui riment ou qui contiennent le même son.

6.6   Savoir lire l'alphabet phonétique

Ziel/Leitidee	Ausspracheschulung, Lautschrift lesen, erste Hörerfolge sichern
Lernjahr	ab 1. Lernjahr
Material	Arbeitsblatt
Sozialform	Partnerarbeit/ganze Klasse
Inhaltliche Kompetenzen	Vertrautheit mit der Lautschrift erwerben

Avant l'écoute d'un texte, donnez aux élèves quelques passages ou phrases contenus dans le texte en alphabet phonétique et un peu de temps pour réfléchir à leur prononciation. Ensuite, en écoutant, ils doivent décider quelles phrases ils ont entendues. Par la suite, ils transcrivent les phrases en français correct.

6.7   Qui suis-je ?

Ziel/Leitidee	Rätselraten, über Personen reden können
Lernjahr	ab 1. Lernjahr
Material	keines
Sozialform	ganze Klasse
Allgemeine Kompetenzen	Gedächtnis schulen
Inhaltliche Kompetenzen	Vokabular zur Beschreibung bzw. Biografie von Personen beherrschen

Vous choisissez un personnage de la vie publique très connu et donnez des informations de plus en plus précises sur ce personnage sans pour autant dire son nom. Les élèves doivent deviner de qui il s'agit en s'aidant des informations que vous leur révélez peu à peu.

Remarque Pour que cela ne soit pas trop facile, il faut que vous donniez des informations assez générales au début qui pourraient correspondre à plusieurs candidats en même temps.

Exemple (Le Président de la République Française)
Je suis un homme.
J'ai un travail très important / de grande responsabilité.
À cause de mon travail, je rencontre beaucoup de personnes importantes d'origines différentes.
Tous les 5 ans, je risque le chômage.

Variante 1
Vous pouvez adapter ce jeu facilement en remplaçant les personnes par des travaux, des villes ou des pays.

Variante 2
Vous discutez ainsi des personnages d'une œuvre littéraire ou vous dites aux élèves de préparer des petits quiz selon ce modèle (même sur leurs camarades!)

6.8 L'art de créer l'attente

Ziel/Leitidee	Neugierde wecken, Vorwissen aktivieren
Lernjahr	ab 1. Lernjahr
Material	variabel
Sozialform	Gruppenarbeit/Partnerarbeit/ganze Klasse
Allgemeine Kompetenzen	Transfer leisten
Inhaltliche Kompetenzen	Wortschatz, Fach- und Weltwissen erwerben

Comme pour toute autre sorte de «texte» écrit, vous avez plusieurs possibilités afin d'éveiller la curiosité des élèves et leur faciliter l'écoute.

→ *Voir 3*

6.8.1 Créer une carte heuristique
Vous pouvez utiliser une seule image ou bien une série d'images que les élèves doivent arranger suivant une certaine logique. Ajoutez aussi des intrus qui n'ont rien à voir avec votre texte, s'ils ne les déconcentrent pas trop.
Si vous comptez montrer un film, vous pouvez leur présenter une scène «muette».

6.8.2 Scénario basé sur des mots-clés
Donnez aux élèves une liste de mots à définir ou un mots-croisés ou une grille de lettres avec des mots cachés dedans.

6.8.3 Questions ciblées
Formulez des questions de manière à donner aux élèves une idée de ce qui les attend. Cela peut être des questions générales sur le sujet en question ou des questions plus précises.

6.8.4 Extrait-audio
Ne présentez qu'une partie du document sonore de sorte que la classe puisse spéculer sur le sujet, les locuteurs ou les lieux.

Si vous en avez la possibilité, vous pouvez aussi accélérer le rythme du document et voir quel effet cela leur fait.

6.8.5 Le bouche-trou

Donnez aux élèves le texte ou juste un passage du texte dont vous aurez enlevé certains mots. Ils doivent le compléter avant l'écoute pour ensuite pouvoir comparer leur version avec celle de l'original.

6.8.6 Multiple choice I

Au lieu de vérifier si leurs réponses sont bonnes en lisant, les élèves vérifient en écoutant (et, s'il s'agit d'une émission ou d'un film, en regardant).

> **Exemple**
> La Première Guerre mondiale (à utiliser en tant qu'introduction de la première séquence de l'unité 3 dans « A plus ! » 5, Cornelsen, où il est question de l'histoire européenne)

La Première Guerre mondiale : Testez vos connaissances !

1. La Première Guerre mondiale a eu lieu de a) 1918 à 1920 b) 1910 à 1914 c) 1914 à 1918.

2. C'était a) une guerre de territoire b) une guerre d'économie c) une guerre de religion.

3. A cette époque, l'Europe a) ressemblait beaucoup à l'Europe actuelle b) ne ressemblait que peu à l'Europe où nous circulons aujourd'hui.

4. Alors, l'Alsace-Lorraine (Elsaß-Lothringen) a) faisait partie du territoire français b) faisait partie du territoire allemand.

5. L'Allemagne était a) plus petite b) plus grande qu'aujourd'hui.

6. Un autre pays très important et allié de l'Allemagne était
   a) l'Autriche-Hongrie b) l'Italie c) la Pologne d) la Russie.

7. Des pays comme la Bosnie ou la Tchèquie a) étaient indépendants b) n'existaient même pas à l'époque.

8. Qu'est-ce qui intéressait les grandes puissances européennes à l'époque ?
   a) l'expansion à l'aide de leurs empires coloniaux
   b) une plus grande coopération et la formation d'une Europe sur l'exemple des Etats-Unis.

9. Qui est-ce qui formait des alliances (« ententes ») avec qui ? Formez deux groupes !
   l'Italie   le Royaume-Uni   l'Allemagne   l'Autriche-Hongrie   la France   la Russie

10. Quel événement a déclenché la guerre ?
    a) un attentat meurtrier   b) un terrible accident de train
    c) une crise économique   d) une histoire d'amour secrète

11. Qui déclare la guerre à qui?
Choisissez parmi les options suivantes : l'Autriche-Hongrie, l'Angleterre, la Russie, la France, la Serbie, l'Allemagne

12. Qu'est-ce qu'on entend par « mobilisation » ?
a) la construction de nouveaux moyens de transport
b) la formation de troupes de soldats
c) le déplacement des frontières

13. Tous les jeunes hommes de a) 15 à 30 ans b) 18 à 40 ans c) de 20 à 48 ans sont obligés de partir à la guerre.

14. Comment appelle-t-on la chanson de la République Française « par excellence » ?
a) la Marseillaise   b) la Lyonnaise   c) la Parisienne

15. Les gens vivant à la campagne
a) avaient très envie de partir à la guerre parce qu'ils s'ennuyaient dans leurs petits villages et voulaient vivre quelque chose de fort.
b) partaient dans la tristesse car ils avaient peur de perdre leurs biens et le fruit de leur travail.

La Belgique a) était une terre neutre. b) était du côté des Allemands.

Document audiovisuel sur www.france3.fr :
C'est pas sorcier : le magazine de la découverte et de la science sur France 3 : la guerre de 14–18

6.9   Vrai ou faux ?

Ziel/Leitidee	selektives Hören, Paraphrasieren üben
Lernjahr	ab 1. Lernjahr
Material	Arbeitsblatt
Sozialform	Einzelarbeit/Partnerarbeit
Allgemeine Kompetenzen	genaues Lesen lernen
Inhaltliche Kompetenzen	vollständige Sätze formulieren können, Paraphrasieren können

Les élèves doivent cocher si les affirmations sur le texte sont vraies ou fausses. Si elles sont fausses, ils doivent les corriger en formulant des phrases complètes sans pourtant simplement répéter les mots exacts de l'affirmation.

Remarque Il vaut mieux renoncer à la catégorie « pas dans le texte », qu'on trouve souvent dans les textes de compréhension écrite, parce que, contrairement à ces derniers, les documents sonores ne sont plus « présents » pour l'élève après l'écoute et l'exercice ne devrait pas éprouver trop la mémoire ou trop détourner l'attention des faits vraiment importants.

6.10   Questions ciblées

Ziel/Leitidee	vom Gesamt- zum Detailverständnis führen
Lernjahr	ab 1. Lernjahr
Material	Arbeitsblatt
Sozialform	variabel
Inhaltliche Kompetenzen	Leseverstehen, genaues Lesen schulen

Selon la difficulté du texte, vous avez plusieurs possibilité de guider les élèves pendant l'écoute:

6.10.1   Locuteur,s et situation
Combien de locuteurs y a-t-il?
Combien de voix de femmes/hommes entendez-vous?
Où la scène se passe-t-elle?
Quelle est la situation?

6.10.2   Questions détaillées
Précisez toujours combien d'informations vous voulez (en anglais «items»). Les élèves peuvent ou répondre en faisant des phrases complètes ou juste en notant les mots-clés.

6.10.3   Multiple choice II
Faites attention à ne pas inclure des options trop improbables ou à formuler la question ou la phrase de sorte que l'élève puisse décider simplement en se basant sur ses connaissances générales. Par contre, formulez les phrases ou choisissez les mots de façon à avoir des réponses qui se ressemblent un peu mais où la difficulté est dans le détail.

6.11   Comprendre, associer, classer, ranger

Ziel/Leitidee	Gesamtverständnis schulen, Strukturen erfassen
Lernjahr	ab 1. Lernjahr
Material	Arbeitsblatt
Sozialform	variabel
Allgemeine Kompetenzen	Transfer leisten
Inhaltliche Kompetenzen	je nach Aufgabenstellung genaues Lesen bzw. Verständnis von Satzbau und Strukturen schulen

6.11.1   Associer l'écoute à l'image
Les élèves doivent ordonner les images selon le déroulement de l'histoire dans l'ordre chronologique des événements ou selon certains critères, p. ex. en les associant à des

personnages ou lieux. Vous pouvez aussi les confondre un peu en incluant des images sans rapport évident avec l'histoire ou qui ne correspondent pas précisément aux aspects mis en évidence.

6.11.2 Ranger des phrases

Vous mélangez l'ordre des phrases dites par un des locuteurs ou bien l'ordre chronologique de l'histoire résumée.

6.11.3 Associer phrases et locuteurs

Vous faites une grille avec des phrases. Les élèves associent les locuteurs aux phrases dans la grille.

Si le document sonore oppose des locuteurs ayant des opinions différentes sur un certain sujet, vous pouvez en profiter pour arranger soit phrases soit personnages selon cet aspect.

6.11.4 Asscocier des bouts de phrases

Vous découpez des phrases en deux qui sont soit prises du document-même soit que vous avez formulées vous-même sur le document et les arrangez de sorte qu'à gauche il y ait tous les débuts de phrase et à droite leurs suites. Les élèves doivent maintenant associer les deux parties. Pour rendre plus difficile la tâche, vous pouvez ajoutez des « intrus » qui, d'une première vue, semblent correspondre à un début de phrase, mais dont la forme du verbe p. ex. ne va pas avec le sujet du début.

Vous pouvez diviser les élèves en groupes et donner à chaque membre d'un groupe un bout de phrase. Un élève commence à lire à haute voix son bout et un autre du groupe reconnaîtra qu'il détient l'autre bout et ainsi de suite jusqu'à ce que chaque élève ait trouvé son correspondant.

6.12 Compléter en écoutant

Ziel/Leitidee	selektives Hören, Wortschatzarbeit
Lernjahr	ab 1. Lernjahr
Material	Arbeitsblatt
Sozialform	Einzelarbeit/Partnerarbeit
Allgemeine Kompetenzen	Satzbau und Strukturen erfassen
Inhaltliche Kompetenzen	kursorisches Lesen üben

Premier pas : Vous déterminez les passages qui présentent un intérêt linguistique ou autre et faites un exercice du genre « cloze » que les élèves complèteront en écoutant. Ainsi, vous pouvez également mettre en évidence certaines structures ou phénomènes grammaticaux.

Deuxième pas : Pour faciliter la tâche, vous pouvez leur donner les parties manquantes en avance, mais dans le désordre et peut-être avec quelques intrus, ainsi ils sauront déjà parmi quels mots choisir.

6.13 A la recherche de tournures idiomatiques et du bon mot

Ziel/Leitidee	Wortschatz erweitern, Sprachgefühl steigern
Lernjahr	ab 3. Lernjahr
Material	Tafel/Folie oder Arbeitsblatt
Sozialform	Einzelarbeit/Partnerarbeit
Allgemeine Kompetenzen	Toleranz für unbekanntes Sprachmaterial

Donnez aux élèves certains mots, expressions ou tournures en allemand et dites-leur de se concentrer sur leurs équivalents français dans le document sonore. Il faut pourtant que le contexte et la qualité du document permettent une bonne compréhension. Il est possible de diviser cette tâche et de charger différents élèves de différents mots/expressions/tournures.

6.14 A la recherche du bon résumé

Ziel/Leitidee	die Gesamtaussage erfassen, ein Gespür für Zusammenfassungen entwickeln
Lernjahr	ab 1. Lernjahr
Material	Arbeitsblatt/Folie
Sozialform	variabel
Allgemeine Kompetenzen	Leseverstehen fördern
Inhaltliche Kompetenzen	Globalverständnis schulen

Premier pas : Parmi un choix de résumés possibles, les élèves doivent décider lequel exprime le mieux le texte écouté.

Deuxième pas : La tâche est plus exigeante si les résumés se ressemblent un peu.

Variante
Une autre possibilité est celle de donner un choix de titres ou d'images pour le document sonore parmi lesquels il faut trouver le/la plus adapté(e).

6.15 Autrement dit

Ziel/Leitidee	das «Zwischen-den Zeilen-Heraushören» schulen, Paraphrasieren üben, zur Kernaussage finden
Lernjahr	ab 3. Lernjahr
Material	Arbeitsblatt
Sozialform	variabel
Inhaltliche Kompetenzen	Hörverstehen trainieren

Donnez aux élèves des phrases incomplètes sur le document sonore. Après l'écoute, ils essaient de les compléter. Il ne s'agit pas de transcrire, mais de comprendre le contenu et de le présenter avec ses propres mots.

6.16 Compléter un dialogue

Ziel/Leitidee	Sprecherintention erkennen und reagieren können
Lernjahr	ab 2. Lernjahr
Material	Arbeitsblatt
Sozialform	Partnerarbeit
Allgemeine Kompetenzen	Kreativität fördern
Inhaltliche Kompetenzen	Leseverstehen schulen

Premier pas : Enlevez le rôle/le texte d'un des locuteurs et dites aux élèves d'imaginer, en tenant compte du texte de l'autre locuteur, ce qu'il pourrait dire. Ils pourront ensuite vérifier si leur version était proche de l'original en transcrivant pendant l'écoute.

Variante

Vous pouvez faire ceci avec des séquences de film, en éteignant le son pendant quelques secondes. Par exemple, si vous montrez «Quais de Seine» dans *Paris je t'aime,* vous pouvez ainsi laisser imaginer aux élèves ce que pourraient répondre les filles draguées par le groupe d'adolescents ou bien ce que la fille au foulard répond au seul garçon gentil du groupe qui s'intéresse à elle.

6.17 Dictée d'image

Ziel/Leitidee	Bilder so beschreiben, dass sie der Partner nachmalen kann
Lernjahr	ab 2. Lernjahr
Material	Bilder, die die Schüler auch mit wenig Wortschatz beschreiben können
Sozialform	Partnerarbeit
Allgemeine Kompetenzen	Strukturen der Bildbeschreibung einüben, Beschreibungen mit Präpositionen verfassen

Premier pas: Vous dictez une image. Ainsi vous pouvez répéter certains mots ou bien introduire un sujet. Si un élève la dessine sur transparent, vous avez la possibilité de comparer sa version avec l'original.

Deuxième pas: Les élèves peuvent également se dicter l'un à l'autre une image. Si vous projetez une image au mur et dites aux élèves que l'un d'eux doit se tourner pour ne pas la voir pendant que son partenaire la lui décrit, vous pouvez renoncer aux photocopies et c'est peut-être aussi plus amusant.

Variante 1
Vous préparez déjà une partie, l'ossature pour ainsi dire, de l'image et les élèves doivent y ajouter les éléments manquants.

Variante 2
Vous donnez à chaque couple deux images qui se ressemblent mais qui sont quand même différentes dans les détails. En décrivant leurs images, ils doivent trouver les différences.

Troisième pas: Après votre description de l'image, vous leur montrez plusieurs images et ils doivent reconnaître celle qui correspond à votre description, ou vous leur montrez une image sur laquelle un détail est faux selon votre description et ils doivent reconnaître lequel.

→ *Voir aussi 4.11, 4.16, 4.18*

6.18 Partir au loin

Ziel/Leitidee	Entspannungsmomente schaffen, eine Gedankenreise unternehmen
Lernjahr	ab 1. Lernjahr
Material	Vorlesetext
Sozialform	Einzelarbeit/ganze Klasse
Allgemeine Kompetenzen	Gedächtnis fördern und Fantasie anregen
Inhaltliche Kompetenzen	Vokabelkenntnisse je nach Vorlesetext erwerben

Premier pas : Dites aux élèves que vous allez les emmener vers une destination inconnue et qu'ils peuvent adopter une position confortable pour se détendre et même fermer les yeux.

Deuxième pas : Racontez le voyage en faisant des pauses là où c'est opportun et finissez votre récit en disant que vous êtes « maintenant de retour en classe ».

Troisième pas : Demandez aux élèves lesquels des lieux visités ils ont aimés le plus, où ils aimeraient retourner et pourquoi, quels ont été leurs sentiments et quels sont leurs souvenirs du voyage.

Remarque Pour vous assurer qu'il y ait une bonne ambiance et le silence, vous pouvez choisir une chanson instrumentale vous accompagnant pendant votre voyage. Après la conversation qui s'enchaîne, vous pourriez leur faire écouter cette chanson encore une fois et leur dire d'écrire une carte postale du voyage pendant le temps que dure la chanson.

Variante

Vous interrompez votre récit brusquement et les élèves doivent le continuer.

6.19 L'heure est au conte de fées

Ziel/Leitidee	aufmerksames Zuhören, geübtes Vorlesen, Sprechanlässe
Lernjahr	ab 2. Lernjahr
Material	verschiedene Lesetexte
Sozialform	ganze Klasse
Allgemeine Kompetenzen	Gedächtnis fördern und Fantasie anregen
Inhaltliche Kompetenzen	sinnvolles Vorlesen, richtige Betonung und Aussprache üben

Choisissez une série de petits contes, poèmes ou textes que vous distribuerez aux élèves. Chacun saura le jour où il devra lire à haute voix son histoire et aura l'occasion de préparer son «spectacle» à la maison. Après qu'un élève a présenté son texte, les autres en discutent, peut-être toujours selon le même «modèle de discussion» que vous aurez expliqué aux élèves avant la toute première séance-lecture.

Exemple pour le dialogue après lecture
- Qui sont les personnages de l'histoire?
- Où cette histoire se déroule-t-elle?
- Quel est l'événement décrit dans l'histoire?
- Qu'auriez vous fait à la place du personnage principal?
- Avez-vous fait des expériences de ce genre?
- Quelles ont été vos pensées en écoutant l'histoire?
- Quel titre donneriez-vous à cette histoire

→ *Pour les conte de fées, voir aussi 6.18*

6.20 Le correspondant à l'étranger

Ziel/Leitidee	Nachrichten verfolgen
Lernjahr	ab 4. Lernjahr
Material	deutscher Zeitungsartikel bzw. Potpourri aus verschiedenen Meldungen, französische Nachrichtensendung über dieselben Themen
Sozialform	variabel
Allgemeine Kompetenzen	Toleranzschwelle für unbekanntes Sprachmaterial aufbauen
Inhaltliche Kompetenzen	lexikalische Vorkenntnisse erwerben

Premier pas: Cherchez un article de journal allemand ou plusieurs ou juste des titres d'articles sur le sujet d'actualité abordé dans l'émission.

Deuxième pas: Regardez les infos ensemble. Ensuite, les élèves doivent décider lesquels des faits dans l'article de journal allemand ou quels des titres ils croient avoir entendu mentionner dans l'émission.

Variante
Vous choisissez un document audiovisuel ou sonore qui parle d'un sujet dont vous avez déjà discuté ou sur lequel vous venez de lire un texte. Les élèves doivent dire si le nouveau document contient plus d'informations que celui qu'ils connaissent déjà, s'il contient différentes informations ou des informations contradictoires à celles qu'ils ont déjà (vous pouvez aussi vous concentrer sur des faits banals comme des chiffres et des pourcentages).

6.21   Film sous-titré

Ziel/Leitidee	Spaß an Filmen im Original fördern, Verständnis erleichtern
Lernjahr	ab 2. Lernjahr
Material	Film
Sozialform	ganze Klasse/Partnerarbeit
Allgemeine Kompetenzen	Bilder/Szenen beschreiben
Inhaltliche Kompetenzen	Fantasie fördern, Übersetzen üben

Premier pas : Vous montrez une séquence muette et demandez aux élèves d'imaginer ce qui s'y passe et ce que les personnages pourraient se dire. Après, vous la regardez encore une fois pour vérifier vos hypothèses.

Deuxième pas : Vous montrez une séquence en langue allemande. Après, vous demandez aux élèves de rendre le dialogue en français (« médiation »). Puis vous regardez la version originale.

Remarque Un film qui se prête beaucoup à ce genre d'activité est *Paris je t'aime* parce qu'il raconte plusieurs histoires indépendantes les unes des autres qui ne durent pas très longtemps et sont originales. Parmi ces histoires, voilà les plus adaptées :
- « Quais de Seine » (où il est question d'une fille musulmane portant le foulard et se heurtant aux commentaires machistes et xénophobes d'un groupe de jeunes traînant au bord de la Seine)
- « Tuileries » (où le spectateur est témoin d'une scène d'agression dans une station de métro)
- « Loin du 16ième » (où on parle d'une jeune immigrée d'origine hispanique qui, pour pouvoir gagner sa vie en gardant l'enfant d'une famille parisienne riche, doit laisser seul son propre bébé jour après jour)
- « Faubourg Saint Denis » (où il est question d'un jeune homme aveugle et son histoire d'amour fou avec une jeune actrice d'origine américaine)
- « Tour Eiffel » (où on fait la connaissance d'un mime qui, en fait, pendant toute la séquence, ne parle pas, ce qui veut dire qu'il ne s'agit pas de compréhension orale mais plutôt d'une activité de « scénariste » ou « commentateur » qui imagine ce que le mime et les gens de son entourage pourraient se dire).

6.22   Français familier versus français standard

Ziel/Leitidee	Umgangsfranzösisch verstehen lernen und Registerunterschiede erkennen
Lernjahr	ab 4. Lernjahr
Material	Arbeitsblatt, Film (z. B. *Paris je t'aime*)
Sozialform	Partnerarbeit
Allgemeine Kompetenzen	Paraphrasieren, Mediation
Inhaltliche Kompetenzen	Grundwissen zu Sprachregistern erwerben

Vous transcrivez certaines phrases contenant du français familier du document sonore/audiovisuel et faites une fiche de travail sur laquelle les élèves :
- trouvent les équivalents allemands, qu'ils doivent associer à ces phrases avant l'écoute ou la vision, pendant ou après
- trouvent les équivalents allemands qu'ils doivent d'abord traduire en français standard avant d'écouter
- trouvent les équivalents en français correct, qu'ils doivent associer aux versions familières que vous leur donnerez également avant, pendant ou après l'écoute
- trouvent les équivalents en français soigné pour lesquels ils doivent trouver les traductions en français familier *pendant* l'écoute (ceci marche seulement bien si les locuteurs ne parlent pas trop vite)

Exemple
« Quais de Seine » dans *Paris je t'aime*

« T'as vu la nana là ? »	Est-ce que tu as vu cette fille ?
« C'est pas grave. »	Ce n'est pas grave.
« Mais toi tu es encore plus naze que ça pour draguer les filles. »	Mais toi, quand il s'agit de parler aux femmes, tu as encore moins de talent.
« Mais ça, c'est mes potes qui déconnent. »	Mes amis sont un peu fou.
« T'as des super beaux cheveux pourquoi t'es obligée de les cacher sous ce truc. »	Tu as de très beaux cheveux. Pourquoi est-ce que tu es obligée de les cacher sous cette chose. »
« C'est dommage parce que t'es vachement jolie. »	C'est dommage parce que tu es très belle. »

6.23   Echange de scènes

Ziel/Leitidee	sich über gesehene Szenen austauschen, Fragen stellen und informieren
Lernjahr	ab 3. Lernjahr
Material	Film
Sozialform	zwei Gruppen/Partnerarbeit
Allgemeine Kompetenzen	Gedächtnisübung, Notizen machen
Inhaltliche Kompetenzen	Fragen formulieren, antworten, Wortschatz erwerben (personnage, scène, se dérouler etc.)

Premier pas: Vous divisez la classe en deux groupes dont le premier doit se rendre dans la salle d'à côté. Pendant qu'un groupe regarde une partie du film en prenant des notes, l'autre sera occupé à faire un exercice préparatoire.

Deuxième pas: Les deux groupes changent de salle. Pendant que le groupe qui a travaillé sur l'exercice regarde la deuxième partie du film, l'autre groupe fait des hypothèses sur une suite possible de l'histoire pour pouvoir ensuite poser des questions précises à l'autre groupe.

Troisième pas: Vous rassemblez toute la classe et les membres des deux groupes forment des couples pour reconstruire l'histoire.

Quatrième pas: Vous regardez toute la séquence ensemble.

> Exemple 1: «Quais de Seine» dans *Paris je t'aime*
> *Vous arrêtez la séquence au moment où la jeune femme au foulard s'éloigne des Quais de Seine pour aller à la mosquée.*
>
> *Voilà quelques idées pour l'exercice préparatoire:*
> *1) Vous donnez aux élèves qui attendent leur tour un article qui parle du sujet des Françaises musulmanes ou du port du foulard.*
> *2) Vous leur donnez une feuille avec une carte heuristique sur le champ lexical «la religion» qu'ils doivent compléter, aussi à l'aide d'un dictionnaire.*
> *3) Vous leur donnez la transcription du dialogue entre la jeune femme, son père et le garçon dont vous aurez enlevé certaines parties que les élèves sont chargés de reconstruire.*
> *4) Vous leur donnez une vignette sur le sujet du foulard.*

Remarque Cette séquence se prête beaucoup à une suite de l'histoire par écrit ou peut servir d'introduction au sujet de la religion ou du débat du foulard et de l'immigration en France.

Exemple 2 : « Tuileries » dans *Paris je t'aime*
Vous arrêtez la séquence au moment où le regard du touriste américain et celui de la jeune femme se croisent pour la première fois ou bien au moment où le métro s'arrête et bouche la vue sur le couple, peu avant que le jeune homme s'assoie aux côtés du touriste.

Voilà quelques idées pour des exercices préparatoires :
1) Vous donnez aux élèves des copies d'un plan de métro et ils doivent, à deux, pratiquer des dialogues sur le sujet « demander le chemin à quelqu'un ».
2) Vous donnez aux élèves une carte heuristique sur le sujet « Paris ville touristique » qui ne contient que quelques mots et leur dites de la compléter.
3) Vous donnez aux élèves l'image de la Joconde et leur dites de la décrire en répondant à la question de savoir pourquoi elle sourit.
4) Vous donnez aux élèves un article sur les attractions touristiques dans la ville de l'amour ou sur le tourisme à Paris (mais qui soit court) ou bien un dépliant sur Paris ou le Louvre (si vous en avez).

Quatrième pas : Après la vision de cette séquence, vous pouvez
- dire aux élèves d'imaginer les pensées du touriste et les écrire
- dire aux élèves de reconstruire le dialogue ou un dialogue possible entre les personnages.
- dire aux élèves d'écrire un mél au nom du touriste, qu'il adresse à sa femme restée à la maison et dans lequel il raconte ses aventures parisiennes.

6.24　Qu'est-ce qui suit, qu'est-ce qui précède ?

Ziel/Leitidee	einen Kontext herstellen
Lernjahr	ab 2. Lernjahr
Material	Filmsequenz
Sozialform	ganze Klasse in Partnerarbeit/Gruppenarbeit
Allgemeine Kompetenzen	Kreativität fördern
Inhaltliche Kompetenzen	Erzählen, Hypothesen machen

Premier pas : Vous montrez aux élèves une scène marquante du film. Ensuite, vous leur demandez d'imaginer ce qui s'est passé avant et ce qui se passera après cette scène. Ils pourront faire ceci à deux ou en groupes.

Deuxième pas : Vous regardez toute la séquence ensemble et comparez.

> Exemple
> « Tuileries » dans *Paris je t'aime*

Vous montrez la scène de violence qui implique le touriste et le jeune homme. On peut imaginer toute une série de scénarios sur l'avant et l'après et les fixer au tableau.

6.25 Analyse d'un spot publicitaire

Ziel/Leitidee	Werbespots analysieren, mit Sprache experimentieren
Lernjahr	ab 2. Lernjahr
Material	Werbespots, evtl. Arbeitsblatt
Sozialform	ganze Klasse in Partnerarbeit/Gruppenarbeit
Allgemeine Kompetenzen	Bilder beschreiben lernen
Inhaltliche Kompetenzen	Kreativität fördern

Première pas : Selon le sujet ou les pub que vous trouvez, vous pouvez dire aux élèves de se concentrer
1) sur le produit, 2) sur le slogan, 3) sur des détails visuels ou linguistiques.

> Variante
> Montrez le spot muet et dites aux élèves d'imaginer un dialogue (si dialogue il y en a) ou un slogan.

Deuxième pas : Activités après le visionnement :
• Les élèves imaginent leur propre pub et leur propre slogan sur une série de produits que vous leur donnerez (produits de beauté, nourriture, voitures selon les pubs que vous avez regardées).
• Les élèves utilisent certaines structures grammaticales en écrivant leurs slogans, comme p. ex. le comparatif et le superlatif *(Evian – l'eau la plus fraîche)* ou le gérondif *(Conduisez en vous relaxant.)*

→ *Pour la publicité, voir aussi 6.17*

6.26 Jouer au météorologue

Ziel/Leitidee	Wetterbericht verstehen
Lernjahr	ab 2. Lernjahr
Material	Wetterbericht, evtl. Arbeitsblatt
Sozialform	ganze Klasse, Partnerarbeit
Inhaltliche Kompetenzen	Vokabular zum Thema Wetter schulen

Premier pas : Vous arrêtez le bulletin vidéo quand on voit bien la carte ou vous enlevez le son et demandez aux élèves quel temps il fera. Ensuite, ils vérifieront en écoutant. Si vous leur donnez la transcription de la météo dont vous aurez enlevé certaines expressions d'intérêt et leur dites de la compléter, c'est plus efficace.

Deuxième pas : Activité : vous pouvez leur dire de projeter une excursion dehors selon la météo (et peut-être en utilisant le futur) ou d'écrire leur propre météo.

6.27 Prise de notes dirigée

Ziel/Leitidee	selektives Hören schulen
Lernjahr	ab 2. Lernjahr
Material	keines
Sozialform	Einzelarbeit/Gruppenarbeit
Allgemeine Kompetenzen	Notizen machen, Vergleiche anstellen

Vous divisez la classe en groupes selon le nombre de locuteurs ou de sujets adressés. Chaque élève se concentre sur un locuteur/aspect en écoutant et prend des notes. Ensuite, il compare avec les autres de son groupe. Vous pouvez ainsi faire plusieurs tours, ainsi les élèves auront l'occasion de comprendre le plus de détails possible.

Remarque S'il s'agit d'élèves ayant un niveau avancé, vous pouvez leur montrer ou faire écouter des émissions où différents invités représentent différentes opinions.

6.28 Des paroles au clip vidéo et vice versa

Ziel/Leitidee	Freude am Chanson entwickeln, Textverständnis und -produktion fördern
Lernjahr	ab 3. Lernjahr
Material	Videoclip, Songtext, Song auf CD
Sozialform	Gruppenarbeit, Partnerarbeit
Inhaltliche Kompetenzen	Beschreiben, Zusammenfassen lernen, Bild und Schrift zusammenführen

Premier pas : Vous divisez la classe en deux groupes dont le premier se rendra dans une salle à côté. Ce groupe écoutera la chanson en lisant les paroles et imaginera un clip vidéo.
Le deuxième groupe ne regarde que le clip vidéo sans voir les paroles et s'imagine le sujet abordé dans la chanson.

Deuxième pas : Vous rassemblez les élèves dans leur salle de classe. Les membres des différents groupes forment des couples et s'informent sur ce qu'ils ont vu et lu.

Troisième pas : Vous regardez le clip vidéo ensemble.

> Exemple
> *Greenwashing* de Tryo

Cette chanson se prête très bien à ce genre d'exercice parce que le clip est une animation très drôle sur le sujet « environnement et consommation », où on voit très bien quels sont les problèmes environnementaux de notre globe et les attitudes des hommes.

Remarque Vous pouvez très bien leur montrer (à toute la classe) la vidéo sans son et leur dire de spéculer sur le sujet ou bien, d'écrire les paroles de la chanson ou son refrain avant de l'écouter.

7 Médiation

Zu einem modernen, kompetenzorientierten Fremdsprachenunterricht gehört auch die Vermittlung der Fähigkeit, Texte bzw. Gesprächsinhalte sinngemäß sprachmittelnd von der einen in die andere Sprache zu übertragen. Die Sprachmittlung ist eine besonders anspruchsvolle Aufgabenart, da sie dem Schüler einen großen Gestaltungsfreiraum sowohl in inhaltlicher als auch in sprachlicher Hinsicht lässt. Zudem muss immer auch der Situations- und Adressatenbezug berücksichtigt werden. Durch die starke Handlungsorientierung, den hohen Anwendungsbezug und die große Alltagsrelevanz von Sprachmittlungsaufgaben aber sind Schüler gerade für diesen Aufgabentyp sehr leicht zu begeistern.

Bei den Aufgaben in diesem Kapitel wurde vor allem auf praxisorientierte Texte und eine große Textsortenvielfalt geachtet.

7.1 Faire l'interprète des règles

Ziel/Leitidee	Piktogramme erfassen und auf Französisch wiedergeben
Lernjahr	ab 1. Lernjahr
Material	Piktogramme
Sozialform	Partnerarbeit
Allgemeine Kompetenzen	den Umgang mit diskontinuierlichen Texten fördern

Premier pas: Divisez la classe en groupes de deux. Chaque groupe reçoit les images.

Deuxième pas: Un des élèves joue un jeune Français et l'autre un jeune Allemand.

Elève A: Tu es à la piscine avec ta/ton corres. Malheureusement tu ne parles pas encore vraiment l'allemand, mais tu veux savoir ce que les panneaux veulent dire. Ta/ton corres t'explique les règles en français. Si tu n'es pas sûr,e tu n'hésites pas à poser des questions. Ensuite, tu répètes tout pour montrer que tu as bien compris.

Elève B: Dein französischer Austauschpartner ist mit dir im Schwimmbad. Er spricht noch kaum Deutsch, will aber wissen, was die Tafeln bedeuten. Du erklärst ihm die Baderegeln auf Französisch.

Springe nicht erhitzt ins Wasser.

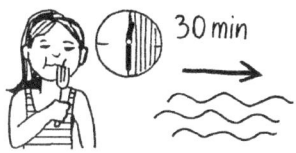

Warte eine halbe Stunde nach dem Essen, bevor du ins Wasser gehst.

Trockne dich nach dem Baden ab.

Springe nicht ins Wasser.

7.2 Puzzle de texte

Ziel/Leitidee	einen Text verstehen und wesentliche Inhalte auf Deutsch wiedergeben
Lernjahr	ab 1. Lernjahr
Material	ein französischer Text in verschiedenen Teilen
Sozialform	Einzelarbeit/Gruppenarbeit/ Partnerarbeit
Allgemeine Kompetenzen	einen französischen Text verstehen und das Wesentliche erfassen
Inhaltliche Kompetenzen	das freie Sprechen schulen

Premier pas: Divisez la classe en trois groupes: A, B et C. Chaque groupe reçoit une partie d'un texte français (il peut s'agir d'un texte du manuel). Les élèves lisent le texte et notent les mots-clés.

> **Remarque** Faites attention à ce que les élèves ne notent que des mots-clés pour éviter une traduction mot-à-mot.

Deuxième pas: Dans leurs groupes, les élèves font un résumé de leur partie du texte en allemand en utilisant les mots-clés.

Troisième pas: Ensuite trois élèves venant de chaque groupe (A, B, C) travaillent ensemble. Ils présentent leur résumé en allemand aux autres et mettent les parties du texte dans le bon ordre.

Quatrième pas: Ensuite, les groupes vérifient le bon ordre du texte en présentant leur résumé du texte à toute la classe.

7.3 Médiation à deux

Ziel/Leitidee	Dialoge dolmetschen
Lernjahr	ab 1. Lernjahr
Material	Tandembogen
Sozialform	Gruppenarbeit
Allgemeine Kompetenzen	das aufmerksame Zuhören und das Sprechen in der Fremdsprache schulen

Première pas: Les élèves travaillent en groupes de trois.

Deuxième pas: La famille Bauer est en vacances à Marseille. Le père de Lucia tombe malade et il faut aller chez le docteur. Il ne parle pas français. Lucia fait l'interprète.

Troisième pas: Chaque groupe reçoit la fiche de travail. Un élève joue le père et un élève joue le docteur selon les indications de la fiche de travail. Un élève joue Lucia, qui ne peut pas lire les indications de la fiche de travail.

Elève A: Le docteur	Elève B: Monsieur Bauer
Bonjour. Qu'est-ce que je peux faire pour vous?	
_____	Ich glaube, ich bin krank. Ich habe Kopf- und Bauchschmerzen.
Asseyez-vous là, s'il vous plait. Je vais vous examiner. Ouvrez la bouche et faites «ah». Depuis quand avez-vous mal au ventre? _____	Gestern Nacht hat mir alles wehgetan. Ich konnte überhaupt nicht schlafen.
Qu'est-ce que vous avez mangé hier? _____	Wir waren im Restaurant «A la plage» und ich habe Austern gegessen.
Et qu'est-ce que vous avez bu? _____	Wasser und ein Glas Weißwein. Muss ich ins Krankenhaus?

Ne vous inquiétez pas. Ce n'est pas grave. Peut-être que les huîtres n'étaient pas fraîches. Restez une journée au lit. Je vous donne une ordonnance. Prenez un comprimé trois fois par jour et n'oubliez pas de boire beaucoup.	Vielen Dank. Auf Wiedersehen.
Je vous en prie. Voilà l'ordonnance et bon rétablissement!	

7.4   Préparer la visite d'un musée

Ziel/Leitidee	Informationen aus diskontinuierlichen französischen Texten entnehmen und diese adressatengerecht in deutscher Sprache übermitteln
Lernjahr	ab 1. Lernjahr
Material	zwei unterschiedliche diskontinuierliche Texte
Sozialform	Einzelarbeit/Partnerarbeit
Allgemeine Kompetenzen	diskontinuierliche Texte verstehen und wiedergeben
Inhaltliche Kompetenzen	Umgang mit dem Wörterbuch und alltagspraktischen Informationen einüben

Premier pas: La classe forme deux groupes: A et B.

Deuxième pas: Chaque groupe reçoit un texte différent. Les élèves lisent leur texte et verifient les mots qu'ils ne connaissent pas dans le dictionnaire.

Troisième pas: Ensuite, un élève du groupe A et un élève du groupe B forment un couple. Ils doivent présenter les informations de leurs textes français à leurs parents en allemand.

> Exemple
> Deine Eltern verbringen nächstes Wochenende in Paris. Am Sonntag möchten Sie entweder den Louvre oder das Musée d'Orsay besuchen. Du und dein Freund, ihr sollt ihnen die wichtigsten Informationen auf Deutsch zusammenstellen, damit sie sich entscheiden können. Ihr teilt ihnen auch mit, für welches Museum ihr euch entscheiden würdet und weshalb.

Louvre (www.louvre.fr)

Horaires :
- Le musée est ouvert tous les jours de 9h à 18h excepté le mardi.
  (Fermeture des salles à partir de 17h30.)
- Le musée est ouvert en nocturne jusqu'à 21h45 les mercredi et vendredi.
  (Fermeture des salles à partir de 21h30.)

Accès :
- **Les accès par la Pyramide et la galerie du Carrousel :** ouvert tous les jours sauf le mardi, de 9h à 22h (à compter du 1er juillet 2012, les accès seront ouverts tous les jours sauf le mardi de 9h à 19h30 et jusqu'à 22h le mercredi et le vendredi).
- **Passage Richelieu :** ouvert tous les jours, sauf le mardi, de 9h à 17h30 et jusqu'à 18h30 le mercredi et le vendredi.
- **Porte des Lions :** En raison de contraintes techniques, cet accès peut être fermé. Merci de vous renseigner la veille de votre venue au 01 40 20 53 17.

Tarifs :
Billet collections permanentes : 12 euros
Billet valable le jour même, pour le musée du Louvre, excepté les expositions du hall Napoléon, et le musée Eugène-Delacroix.

Billet expositions du hall Napoléon : 13 euros
Billet valable pour les expositions temporaires du hall Napoléon uniquement.
Accès gratuit pour les jeunes de moins de 18 ans.
La gratuité du premier dimanche du mois ne vaut pas pour les expositions du hall Napoléon.

Billet jumelé : 16 euros
Le billet jumelé donne accès aux collections permanentes et à toutes les expositions temporaires du Louvre et du musée Eugène-Delacroix.

La gratuité d'accès aux collections permanentes du musée du Louvre et au musée Eugène-Delacroix est accordée, sur présentation d'un justificatif en cours de validité, pour :
- les moins de 18 ans
- les jeunes de 18 à 25 ans résidents dans l'un des pays de l'Espace Economique Européen
- les enseignants titulaires du Pass Éducation
- les enseignants en histoire des arts, histoire de l'art, arts plastiques, arts appliqués, en activité, sur présentation d'un justificatif mentionnant la matière enseignée
- les visiteurs handicapés et leur accompagnateur.

Gratuit pour tous le 14 juillet.
(excepté l'exposition temporaire du hall Napoléon).
Les Nocturnes du vendredi, à partir de 18h, accès gratuit aux collections permanentes accordé aux jeunes de moins de 26 ans, quelle que soit leur nationalité, sur présentation d'un justificatif.

CONSEILS DE PRUDENCE
Des pickpockets sont susceptibles d'être présents dans le musée.
Ils agissent dans la foule au moment où vous regardez ou photographiez les œuvres.

Voici les règles à respecter :
• Fermez vos sacs et placez-les devant vous
• Ne montrez pas votre argent
• Répartissez vos billets dans plusieurs poches intérieures ou dans plusieurs poches de votre sac
• Ne mettez pas votre portefeuille dans vos poches arrières.
• N'écoutez pas les conseils d'inconnus aux distributeurs automatiques.
• Faites attention à vos sacs et poches quand vous prenez une photo.
• Demandez l'aide d'un agent de surveillance en cas de problème.

Musée d'Orsay (www.musee-orsay.fr)
Horaires :
Musée et expositions
• Ouverture de 9h30 à 18h le mardi, le mercredi, le vendredi, le samedi et le dimanche de 9h30 à 21h45 le jeudi
vente des billets jusqu'à 17h, 21h le jeudi
évacuation à partir de 17h15, 21h15 le jeudi
groupes admis sur réservation uniquement du mardi au samedi de 9h30 à 16h, jusqu'à 20h le jeudi
• Fermeture tous les lundis et les 1er mai et 25 décembre.

Accès :
Entrée du musée d'Orsay
1, rue de la Légion d'Honneur, 75007 Paris

Métro : ligne 12, station Solférino
RER : ligne C, station Musée d'Orsay
Bus : 24, 63, 68, 69, 73, 83, 84, 94
Taxi : dépose et reprise de taxi ou de véhicules spécialisés quai Anatole-France

Tarifs:
Billet exposition Masculin / Masculin.
Ce billet permet la visite des expositions à tarif majoré, soumises à créneau horaire, et donne accès aux collections permanentes et aux autres expositions.
- Plein tarif   12 €
- Tarif réduit   9,50 €
  - Pour les 18-25 ans non ressortissants et non résidents de longue durée d'un pays de l'Union européenne
  - Pour tous à partir de 16h30 (sauf le jeudi et le samedi)
  - Pour tous, le jeudi en nocturne, à partir de 18h
- Gratuit
  - Pour tous le premier dimanche de chaque mois
  - Moins de 18 ans
  - 18-25 ans ressortissants ou résidents de longue durée d'un pays de l'Union européenne
  - Enseignants des établissements français du primaire au secondaire munis d'un Pass éducation en cours de validité
  - Visiteurs handicapés avec un accompagnateur
  - Demandeurs d'emploi
  - Détenteurs du Paris Museum pass

Billet musée
Ce billet donne accès aux collections permanentes et expositions, sauf expositions à tarif majoré
- Plein tarif   9 €
- Tarif réduit   6,50 €
  - Pour les 18-25 ans non ressortissants et non résidents de longue durée dun pays de l'Union européenne
  - Pour tous à partir de 16h30 (sauf le jeudi)
  - Pour tous, le jeudi en nocturne, à partir de 18h
- Gratuit
  - Pour tous le premier dimanche de chaque mois
  - Moins de 18 ans
  - 18-25 ans ressortissants ou résidents de longue durée d'un pays de l'Union européenne
  - Enseignants des établissements français du primaire au secondaire munis d'un Pass éducation en cours de validité
  - Visiteurs handicapés avec un accompagnateur
  - Demandeurs d'emploi
  - Détenteurs du Paris Museum Pass

Passeport musée d'Orsay - musée de l'Orangerie   **16 €**
Ce billet d'entrée est valable pour l'accès aux collections permanentes et expositions temporaires le jour même dans le musée où il est acheté et pour une visite des collections permanentes et expositions temporaires dans un délai de quatre jours dans l'autre musée.

Passeport musée d'Orsay - musée Rodin   **15 €**
Ce billet d'entrée est valable pour l'accès aux collections permanentes des deux musées le même jour.

Conservez votre billet !
Dans les 8 jours qui suivent l'émission de votre billet d'entrée au musée d'Orsay, vous bénéficiez du tarif réduit :
• pour l'achat d'un billet au musée national Gustave Moreau **(attention : ce musée est exceptionnellement fermé pour travaux de rénovation et d'extension à partir du lundi 15 juillet 2013 inclus pour une durée de 5 mois)**
• pour la visite libre du Palais Garnier (Opéra national de Paris)

7.5   Reproduction à l'oral

Ziel/Leitidee	über sein Hobby sprechen, Argumente entwickeln und den Bericht des Partners wiedergeben
Lernjahr	ab 2. Lernjahr
Material	keines
Sozialform	Partnerarbeit
Allgemeine Kompetenzen	das aufmerksame Zuhören und das Anfertigen von Notizen schulen

Premier pas : Divisez la classe en groupes de deux.

Deuxième pas : Les élèves notent par écrit leur hobby et y réfléchissent pendant deux minutes avec ces consignes :
• *Décris ton hobby en allemand.*
• *Explique pourquoi tu aimes ton hobby en allemand.*
• *Développe des arguments en faveur de ton hobby – toujours en allemand.*

Troisième pas : Chaque élève parle pendant trois minutes – en allemand – de son hobby. Le partenaire prend des notes en allemand. Bien sûr, il peut poser des questions.

Important Signalez la fin de l'activité pour que les élèves changent de rôle.

Quatrième pas : Deux groupes de deux se mettent ensemble et chaque élève va trouver un nouveau partenaire. Il lui parle en français pendant trois minutes de ce qu'il a appris du hobby de son partenaire d'avant. Poser des questions est possible.

Remarque Le thème du hobby facilite la prise de parole parce que les élèves sont appelés à parler d'une chose qu'ils aiment et connaissent bien.

7.6 Synchroniser des films

Ziel/Leitidee	Filmausschnitte verstehen und wesentliche Informationen auf Deutsch wiedergeben
Lernjahr	ab 2. Lernjahr
Material	Filmausschnitte
Sozialform	Einzelarbeit/Plenum
Allgemeine Kompetenzen	das flüssige Sprechen vor der Klasse schulen
Inhaltliche Kompetenzen	Filmausschnitte verstehen und das Wesentliche erfassen

Premier pas : Montrez plusieurs fois l'extrait d'un film français aux élèves. Les élèves savent qu'après, ils doivent synchroniser cet extrait en allemand. Il est utile de demander aux élèves de prendre des notes pendant qu'ils regardent l'extrait.

Deuxième pas : Ensuite montrez-leur l'extrait sans son et un élève donne les informations en allemand.

Remarque Utilisez des extraits contenant des dialogues si vous voulez faire parler plusieurs élèves.

7.7 Faire le compte rendu d'un article en allemand

Ziel/Leitidee	einen französischen Zeitungsartikel auf Deutsch zusammenfassen
Lernjahr	ab 3. Lernjahr
Material	2 französische Zeitungsartikel
Sozialform	Plenum/Partnerarbeit
Allgemeine Kompetenzen	Texte erfassen und verstehen
Inhaltliche Kompetenzen	Schlüsselwörter identifizieren, das Wesentliche erkennen und auf Deutsch zusammenfassen

Premier pas : D'abord, la médiation d'un article français devrait être pratiquée avec toute la classe. On identifie les mots-clés et on discute les parties difficiles du texte pour que tout soit clair et bien compris avant de résumer l'essentiel du texte en allemand.

Deuxième pas: Divisez la classe en groupes de deux. Ces groupes reçoivent deux articles français. Chaque élève résume le contenu de son article en allemand pour son partenaire.

Troisième pas: Ensuite, deux élèves informent toute la classe sur l'essentiel de leurs articles.

Remarque Faites attention à ce que les élèves ne traduisent pas le texte et que seulement l'essentiel soit transmis.

7.8   Faire le compte rendu d'un article en français

Ziel/Leitidee	einen deutschen Zeitungsartikel auf Französisch zusammenfassen
Lernjahr	ab 3. Lernjahr
Material	2 deutsche Zeitungsartikel
Sozialform	Plenum/Partnerarbeit
Allgemeine Kompetenzen	Texte erfassen und verstehen
Inhaltliche Kompetenzen	Schlüsselwörter identifizieren, das Wesentliche erkennen und auf Französisch zusammenfassen

Premier pas: D'abord, la médiation d'un article allemand devrait être pratiquée avec toute la classe. On identifie les mots-clés et on discute les parties difficiles du texte pour que tout soit clair et bien compris avant de résumer l'essentiel du texte en français.

Deuxième pas: Divisez la classe en groupes de deux. Ces groupes reçoivent deux articles en allemand. Chaque élève résume le contenu de son article en français pour son partenaire.

Troisième pas: Ensuite, deux élèves informent toute la classe sur l'essentiel de leurs articles.

Remarque Faites attention à ce que les élèves ne traduisent pas le texte et que seulement l'essentiel soit transmis.

8   Grammaire

Das Schlusskapitel widmet sich der Einführung und Anwendung bestimmter Grammatikkapitel der französischen Sprache. Ein besonderes Augenmerk gilt der Tatsache, dass Grammatik nicht im luftleeren Raum vermittelt werden kann, sondern immer nur im möglichst schülernahen Kontext. So bauen einige der Grammatikkapitel auf einem «erschließenden» Umgang mit neuen Sprachregeln auf und zielen auf eine sofortige Anwendung des neu Erlernten ab. Reine Grammatikübungen haben ihren Platz im Fremdsprachenunterricht, insofern sie ein Einschleifen von Strukturen ermöglichen. Hauptziel soll es jedoch immer sein, aus reinen Lückenfüllern kompetente Sprecher zu machen. Daher steht die Kompetenzorientierung im Vordergrund.

Die Ideen, die in diesem Kapitel vorgestellt werden, sind abwandelbar und als Ergänzung für die Lehrbücher, die die Grammatikkapitel ja bereits in einen Kontext einbetten, gedacht. Die einzelnen grammatikalischen Phänomene sind nicht erschöpfend behandelt, die Vorgehensweisen jedoch können angepasst werden. Als Ergänzung nach der Einführung kann aus dem vielseitigen Kapitel 2 «Jeux linguistiques» zu den einzelnen grammatikalischen Erscheinungen die für die jeweilige Lerngruppe und Situation passende Weiterführung ausgewählt werden.

8.1   La question avec «est-ce que»

Ziel/Leitidee	Frage mit *est-ce que* einführen
Lernjahr	ab 1. Lernjahr
Material	keines
Sozialform	ganze Klasse
Inhaltliche Kompetenzen	Intonationsfrage üben

Premier pas: Commencez d'abord par réviser l'interrogation par intonation: choisissez deux gestes que les élèves doivent faire pour indiquer s'il s'agit d'une question ou d'une affirmation (p. ex. lever la main droite ou mettre les mains sur les tables). Puis, élargissez le répertoire en leur expliquant que vous allez ajouter *est-ce que* et que là aussi, il s'agit de questions. Continuez encore un peu, peut-être en changeant les gestes.

Deuxième pas: Dites aux élèves de reconstruire quelques-unes des phrases et questions et commencez à les écrire au tableau, en remplissant une grille dont la colonne à gauche est réservée pour l'interrogation par intonation et celle à droite pour l'interrogation avec *est-ce que*.

Troisième pas: Dans un troisième temps, dites aux élèves que les questions auxquelles la réponse est ou oui ou non ne sont pas assez intéressantes et ajoutez les pronoms inter-

rogatifs où, que, pourquoi et quand. Les élèves doivent associer des questions que vous leur montrerez sur un transparent ou leur donnerez en forme de fiche de travail à des réponses. Après cet exercice, formulez la règle ensemble.
Une fois établie la règle, les élèves peuvent travailler à deux et jouer à question-réponse.

Exemples pour des questions (ou affirmations)
Tu aimes les chiens?
Vous travaillez beaucoup?
Nous allons au concert ensemble?
On prend le bus?
Il mange avec nous ce soir?
Ils parlent avec M. Dupont.
Elle lit un livre.
Nathalie joue avec son chat.
Nicolas dort dans sa chambre.
Les enfants sont à l'école.

Exemples pour des questions avec où, que, pourquoi, quand et les réponses à associer

Qu'est-ce que tu aimes?   *Parce qu'il n'est pas là.*
Où est-ce que vous travaillez?   *Les chats, la musique et le chocolat.*
Quand est-ce que nous allons au concert?   *Elle lit un livre.*
Pourquoi est-ce qu'il ne mange pas avec nous ce soir?   *Au centre-ville, dans une librairie.*
Qu'est-ce qu'elle fait?   *À sept heures et demie.*
Où est-ce que la fille habite?   *Une famille devant leur maison.*
Qu'est-ce qu'il y a sur la photo?   *À Lyon, en France.*

8.2   Impératif

Ziel/Leitidee	Imperativ einführen
Lernjahr	ab 1. Lernjahr
Material	beschriftete Schilder, beschriftetes großformatiges Papier
Sozialform	ganze Klasse
Inhaltliche Kompetenzen	Aufforderungen wie levez-vous, asseyez-vous verstehen

Premier pas: Quand vous entrez en classe, vous ne parlez pas mais vous vous positionnez devant la classe avec votre premier panneau «Levez-vous», suivi par «asseyez-

vous». S'ensuivent d'autres ordres que les élèves connaissent, comme p. ex. «prenez vos/
les livres», «ouvrez/fermez vos/les livres». Pour les faire rire, vous pouvez leur montrer
plusieurs fois de suite les panneaux avec «levez-vous/asseyez-vous».

Deuxième pas: Maintenant, vous leur montrez des panneaux «personnalisés», du
genre «Paul, lève-toi», «Marie, ouvre ton/le livre», «Max, montre ton/le cahier». Vous
dites aux élèves de bien faire attention, car par la suite, vous leur montrerez les mêmes
panneaux en allemand et ils doivent les traduire. Continuez d'alterner panneaux allemands et français jusqu'à ce que vous ayez l'impression que les élèves savent répéter tous
les ordres à l'impératif.

Troisième pas: Écrivez les ordres au tableau, en faisant une grille à trois colonnes:

tu	vous	nous
Ferme le livre! Prends le cahier!	Fermez les livres! Prenez les cahiers!	Fermons les livres! Prenons les cahiers!

Quatrième pas: Faites bien attention à visualiser la particularité des verbes en -er. Établissez la règle et faites un exercice:

1. La maman de Pauline entre dans la chambre de Pauline et dit:
«Pauline, _____ (arrêter) de jouer à l'ordinateur! On mange dans 10
minutes.
Et _____ (regarder) ta chambre! Mais ça ne va pas?
_____ (ranger) ta chambre, s'il-te-plaît!»

2. Le prof d'anglais entre dans la salle de classe et dit:
«_____ (travailler, nous)! _____ (montrer)-moi vos
devoirs, les enfants! Jacques, _____ (fermer) ton cahier d'allemand,
c'est un cours d'anglais!»

3. Le documentaliste au CDI dit aux élèves: «Ne _____ pas (parler),
les enfants. Ici, on travaille. _____ (regarder) où il y a encore un ordinateur libre. Hé, Paul, ne _____ pas (manger) ici! Ce n'est pas la
cantine!»

Pour conclure, un/e élève peut reprendre les panneaux avec les ordres et vous répétez le
jeu du début.

8.3   L'article partitif

Ziel/Leitidee	Teilungsartikel einführen
Lernjahr	1. Lernjahr
Material	präparierte Klassenliste auf Folie
Sozialform	ganze Klasse
Inhaltliche Kompetenzen	Vokabular einüben

Premier pas: Préparez la liste des noms en ajoutant un «titre de noblesse» à côté de chaque nom, qui contient l'article partitif. Dites aux élèves qu'ils auront de nouveaux noms pour le reste de la semaine et découvrez peu à peu la liste. Donnez-leur un exemple en allemand pour que le principe soit bien clair («Herr von den Steinen»). Choisissez les noms de sorte qu'ils fassent rire. En voilà quelques exemples:

Exemples

Madame de la Boulangerie	Mlle *de la Chaise*
M. du Portemonnaie	*M. du Cirque*
Mlle *de la Photo*	*M. du Poisson*
Mme *des Cadeaux*	*M. de l'Oignon*
Mlle *de la Tomate*	Mlle *des Galeries*
M. des Rollers	*M. des Frites*
Mme *de la Télé*	*M. des Muscles*

Deuxième pas: Analysez la formation des noms et fixez le résultat, c'est-à-dire écrivez le schéma suivant au tableau: *de + le = du; de + la = de la,* …et ainsi de suite.

Troisième pas: Lisez le texte «faire les courses avec M. des Frites»

Faire les courses avec M. des Frites
Aujourd'hui, M. des Frites fait les courses. Il va au supermarché pour acheter:
* *des frites, bien sûr!*
* *des tomates*
* *du chocolat*
* *du poisson*
Il rentre à la maison où il y a sa femme, qui veut préparer le dîner.
Elle dit: Alors, chéri, qu'est-ce qu'il y a dans ton sac?
Il répond: J'ai des frites …
Elle demande: Combien de frites?
Il répond: Un kilo de frites. Et j'ai aussi du chocolat.

> *Elle demande: Mais ...je prépare les frites avec du chocolat?*
> *Il répond: Mais non ...j'ai aussi des tomates.*
> *Elle demande: Combien?*
> *Il répond: Un demi-kilo de tomates.*
> *Elle dit: C'est bien. Et avec ça?*
> *Il répond: On mange du poisson. J'ai 400 grammes de poisson.*
> *Elle dit: Et le chocolat, c'est pour le dessert ....j'ai faim!*
> *Il dit: Pas de problème, chérie. J'ai même deux tablettes de chocolat: une pour toi, et une pour moi!*

Quatrième pas: Dites aux élèves de chercher et souligner les expressions de quantité. Ensuite, vous leur donnerez la règle et vous ferez d'autres «listes d'achats» pour les autres personnages fictifs.

8.4 Futur composé et futur simple

Ziel/Leitidee	*futur composé* einführen bzw. zu *futur simple* überleiten
Lernjahr	ab 1. Lernjahr
Material	Bilder von verschiedenen Verkehrsmitteln
Sozialform	ganze Klasse
Inhaltliche Kompetenzen	Vokabular zu Verkehrsmitteln, Verb *aller* einüben

Premier pas: Vous dessinez un pied au tableau et demandez aux élèves ce que c'est. Ensuite, vous conjuguez ensemble le verbe aller (que vous écrirez à côté du pied). Vous leur dites que par la suite, ils iront à pied d'un coin de la classe à l'autre pour regarder «d'autres moyens de transport». Avec du scotch, vous accrochez des images montrant les différents moyens de transport un peu partout dans la classe. Les élèves ont deux minutes pour les regarder et, en retournant à leurs places, noter ce dont ils se souviennent.

Deuxième pas: Au tableau, vous collectionnez ensemble les différentes façons de se déplacer:

Exemple	
Je vais	*à pied/en vélo/en bus/en voiture/en avion/en rollers/en bateau.*
Demain,	*je vais prendre*
	tu vas prendre
	... *l'avion.*

Troisième pas : Vous dites aux élèves « Je vais toujours à l'école à pied (en voiture, …), mais pas demain : demain, c'est un jour spécial et je vais …..prendre l'avion.» Vous écrivez la phrase au tableau et vous demandez à un élève comment il ira à l'école demain. Est-ce qu'il va aussi prendre l'avion ?

Quatrième pas : Les élèves se posent des questions, dans lesquelles ils utilisent le futur composé.
Vous leur donnez des indications que vous écrivez au tableau :

> *Demain, je vais …..et toi ?*
> *Est-ce que tu vas … … … . demain ?*
> *Demain, nous … … … … , d'accord ?*
> *Est-ce que vous … … …., demain ?*

Remarque Vous pouvez introduire le futur simple en vous basant sur des phrases au futur composé auxquelles vous associez leurs équivalents au futur simple :

futur composé	*futur simple*
Je vais manger à la cantine demain.	Je mangerai à la cantine demain.
Tu vas écouter le nouveau Cd cet après-midi.	Tu écouteras le nouveau Cd cet après-midi.
…	

Cinquième pas : Les élèves pourront réutiliser le catalogue de questions qu'ils ont utilisé en apprenant le futur composé pour se poser des questions avec le nouveau temps.

Sixième pas : En ce qui concerne les formes irrégulières, vous pouvez leur donnez à lire un texte avec beaucoup de formes du futur simple, dont certaines irrégulières, et dans lequel ils doivent chercher et souligner tous les exemples de ce nouveau temps. Ils trouveront aussi les exceptions.

8.5   Le passé composé : mon copieux petit-déjeuner

Ziel/Leitidee	*passé composé* einführen
Lernjahr	ab Ende 1. Lernjahr
Material	PowerPoint oder Folien
Sozialform	ganze Klasse
Inhaltliche Kompetenzen	Vokabular trainieren

Premier pas : Vous préparez une présentation PowerPoint avec des images sur ce que vous et votre chat (chien, perruche ou un autre animal domestique) avez mangé ce matin et sur vos activités.

Deuxième pas : Vous entrez en classe en demandant à un élève s'il a faim. Vous lui dites que vous, vous n'avez pas faim après votre petit-déjeuner et vous faites partir la présentation qui commence par les mots « j'ai mangé », suivi par une série d'images amusantes qui illustrent votre grande faim (si vous utilisez des transparents, vous montrez les images, l'une après l'autre). Ensuite, vous parlez de votre chat et montrez ce qu'il a mangé (incluez aussi des plats amusants comme « croissant à la souris » ou des choses très improbables, comme « de la mousse à l'éléphant »). Vous terminez par la question « Et vous, qu'est-ce que vous avez mangé (et toi, qu'est-ce que tu as mangé) ? », que les élèves voient aussi écrite.

Vous pouvez leur montrer un choix d'aliments et boissons et ils répondront plus facilement à la question.

Ensuite, vous enchaînez par vos activités de ce matin, en incluant quelques verbes qui forment le passé composé avec être.

Troisième pas : Vous établissez la règle pour la formation du passé composé ensemble. Ensuite, les élèves liront un texte au passé composé et souligneront les verbes formant le passé composé avec *être* et ceux formant le passé composé avec *avoir* de deux couleurs différentes. Vous dessinez un tableau, avec, à gauche, les verbes avec avoir et, à droite, ceux avec être et leur expliquez la différence.

Quatrième pas : Au verso de la feuille avec le texte sur lequel ils ont travaillé, les élèves trouveront le même texte, mais sans les formes verbales, qu'ils devront compléter.

8.6   L'imparfait : il était une fois

Ziel/Leitidee	*imparfait* einführen
Lernjahr	ab 2. Lernjahr
Material	Folie mit Foto (oder PowerPoint) und Fragen, Text als Arbeitsblatt
Sozialform	Gruppenarbeit
Inhaltliche Kompetenzen	über Personen/Vorlieben sprechen

Premier pas : Vous montrez une photo avec un personnage aux élèves et leur dites d'imaginer son identité à partir de cette photo. Vous leur donnerez quelques questions pour les diriger :

Qu'est-ce qu'il aime ?
Qu'est-ce qu'il déteste ?
Quelles sont ses activités préférées ?
Où va-t-il souvent ?

Où est-ce qu'il habite ?
Quels vêtements est-ce qu'il aime porter ?
A-t-il des animaux domestiques ?

Deuxième pas : Les élèves travaillent en petits groupes et présentent les résultats de l'activité.

Troisième pas : Vous leur présentez le même personnage quand il était petit (cherchez une photo d'enfant) et des phrases à l'imparfait (qui correspondent à vos questions du début) :

Voilà M. Dupont quand il était petit :
Il aimait beaucoup les chats.
Il détestait les grands chiens.
Il jouait au foot trois fois par semaine.
Il allait souvent chez son copain Pierre.
Il habitait dans un petit village.
…

Quatrième pas : Vous leur donnerez ensuite un texte à lire en leur disant qu'ils auront encore plus d'informations sur ce personnage. Les élèves doivent marquer toutes les formes verbales à l'imparfait.

Cinquième pas : Au tableau, vous fixez les résultats de leur lecture en expliquant la formation de l'imparfait. Ensuite, les élèves doivent faire des phrases sur eux-mêmes, en parlant de leur vie quand ils étaient «petits». Peut-être que vous leur dites de chercher une photo de ce temps à la maison.

Remarque Vous pouvez leur donner à faire à la maison une fiche de travail avec les images de différentes personnes en leur disant d'inventer leurs «passés» (en utilisant l'imparfait).

Variante
Vous préparez des images sur le sujet «le monde aujourd'hui» et les comparez avec des images sur le sujet «le monde autrefois» en introduisant l'imparfait.
Vous direz aux élèves qu'ils partiront avec une machine à voyager dans le temps.
Les élèves se retrouveront dans «le monde aujourd'hui», et s'imagineront dans «le monde autrefois».

8.7 Passé composé et imparfait

Ziel/Leitidee	*passé composé* und *imparfait* gegenüberstellen
Lernjahr	ab 3. Lernjahr
Material	Arbeitsblatt, Folie
Sozialform	Partnerarbeit
Inhaltliche Kompetenzen	Vokabular schulen

Premier pas: Inventez une histoire qui donne aux élèves la possibilité de participer à l'écriture, en leur donnant, de temps en temps, le choix de quelques «ingrédients».

Deuxième pas: Vous distribuez aux élèves une fiche avec le «squelette» de l'histoire et les moments de l'histoire où ils doivent choisir parmi les passages que vous leur montrerez sur transparent où vous laissez de la place de sorte que les élèves puissent écrire dessus. Chaque fois qu'ils ont copié un bout de texte sur leur feuille, ils la plient et l'échangent avec leur camarade. Ainsi, à la fin de l'activité, chacun pourra «déplier» sa feuille et découvrir sa version de l'histoire.

Exemple

C'était minuit et Monsieur Duchamp dormait dans son lit. Dans sa chambre, il y avait une fenêtre, qui était entrouverte. Ses lunettes étaient sur la petite table à côté de son lit. Il rêvait qu'il était à la plage, sous un grand parasol, dans la chaleur d'une île des Caraïbes.

Mais tout à coup
- *quelqu'un est entré par la fenêtre*
- *quelqu'un a ouvert la porte*
- *quelqu'un l'a appelé par son prénom.*

M. Duchamp avait très peur: il n'aimait pas être réveillé pendant la nuit. En fait, il se couchait toujours à la même heure, à 22 heures, et se levait à 7:30 du matin.

Alors
- *il a décidé de se cacher sous sa couverture*
- *il a allumé sa lampe*
- *il est sorti de son lit pour appeler la police*

Il était encore très fatigué et un peu confus, et il ne portait pas ses lunettes, alors il ne voyait pas que l'intrus, c'était
- *le chat du voisin*
- *un très grand rat*
- *un cambrioleur*
- *son ex-femme*

« Où est-ce que j'ai mis mes lunettes ? » s'est-il demandé.

Soudain,
- *une main s'est posée sur son épaule*
- *son pied a touché quelque chose de chaud*
- *il a entendu un cri bizarre*

Alors, il a eu peur et
- *s'est armé de ses pantoufles, qui se trouvaient à côté du lit*
- *a cherché le grand couteau sous son lit*
- *est tombé par terre et, dans la chute, a cassé ses lunettes*

Troisième pas : À ce point, l'histoire, qui doit rester incomplète, se termine et les élèves pourront déplier leurs feuilles et se lire leurs résultats.

Quatrième pas : Ceci fait, ils doivent prendre deux crayons et souligner, en rouge, tout ce qui décrit les sentiments du personnage, tout ce qui est description ou information sur les conditions dans lesquelles se déroule l'histoire, tout ce qui concerne les habitudes du personnage.
Puis, ils souligneront tout ce qui fait partie de l'action : tout ce qui peut répondre à la question « Et après ? Qu'est-ce qui s'est passé ? »

Cinquième pas : Ensemble, les élèves essayeront de comprendre les conditions dans lesquelles les deux temps, l'imparfait et le passé composé s'utilisent :

	imparfait	*passé composé*
Gefühle		
Zustand		
Beschreibung von Bedingungen		
Gewohnheiten		
Hintergrundinformation		
neu einsetzende Handlung		
fortgeführte Handlung		

Sixième pas : Finalement, ils peuvent inventer une suite à l'histoire, en faisant attention à l'usage correct des temps.

8.8   Le plus-que-parfait

Ziel/Leitidee	*plus-que-parfait* einführen
Lernjahr	ab 3. Lernjahr
Material	Arbeitsblätter
Sozialform	Gruppenarbeit/ganze Klasse
Allgemeine Kompetenzen	*imparfait, passé composé* üben
Inhaltliche Kompetenzen	Kreativität fördern

Premier pas: Vous dites aux élèves qu'ils jouent aux détectives et qu'ils doivent résoudre des cas mystérieux que vous leur distribuerez. Vous commencez par le premier cas en leur montrant UNE chaussure.

Deuxième pas: Vous écrivez la phrase «Hier, le prof de maths portait seulement une chaussure» au tableau. Ensuite, vous faites des hypothèses sur la disparition de l'autre chaussure:

- *Il avait perdu son autre chaussure*
- *Un cambrioleur lui avait volé sa chaussure*
- *Il avait oublié de mettre sa chaussure parce qu'il était un peu pressé et ainsi de suite.*

Troisième pas: Vous faites semblant de prendre l'affaire très au sérieux et vous écrivez le mot HIER au tableau et faites une ligne qui indique le temps:

_____ HIER _____ AUJOURD'HUI

Quatrième pas: Puis vous racontez tout ce que ce monsieur, selon lui et selon sa femme, avait fait avant d'arriver au lycée et vous l'écrivez à gauche du mot hier, selon l'ordre des différentes activités.

Il avait pris une douche, il s'était habillé, il avait pris son petit-déjeuner, ...

Cinquième pas: Les élèves «détectives» doivent d'abord essayer de comprendre comment utiliser le nouveau temps et comment il est formé. Ensemble, vous arriverez à la règle d'emploi:

Remarque On utilise le plus-que-parfait quand on parle des choses qui se sont passées AVANT un certain moment dans le passé.

Sixième pas : Puis, vous leur distribuez une feuille avec un dialogue imaginaire entre un détective et le prof de maths, qu'ils doivent lire et jouer avec leur camarade. Au verso de la feuille, vous pouvez imprimer le même dialogue, mais sans les formes verbales, que les élèves doivent reconstruire :

> A : *Monsieur, qu'aviez-vous fait avant de sortir hier matin ?*
> B : *Je ne sais plus … Je m'étais levé à sept heures. J'avais pris une douche. Avant, et j'avais donné à manger au chat.*
> A : *Vous lui aviez donné quoi exactement ?*
> B : *Ben ….du lait, comme toujours. Pourquoi est-ce que vous me le demandez ?*
> A : *C'est important. Qu'est-ce qui s'est passé après ?*
> B : *À 7 :30, j'ai pris mon petit-déjeuner, comme toujours. Mais j'ai remarqué que j'avais oublié d'acheter du pain.*
> A : *Pourquoi est-ce que vous n'en aviez pas acheté la veille ?*
> B : *Mais quelle importance ? En tout cas, je me suis mis à chercher des biscottes et je n'ai plus regardé l'heure. À 8 heures, je me suis aperçu qu'il était tard et que j'avais perdu trop de temps, alors j'ai mis mes chaussures, toutes les deux, et je suis sorti. Une fois dans la rue je me suis aperçu que j'avais laissé la porte de la terrasse ouverte ….*
> A : *Mais Monsieur, et votre chat ?*
> B : *Je sais bien. Alors, je suis retourné dans la maison, mais le chat avait déjà découvert la porte ouverte ….*

Septième pas : Finalement, c'est aux élèves d'imaginer la fin de l'histoire, en petits groupes, ou à la maison.

8.9   La proposition conditionnelle du type 1

Ziel/Leitidee	Konditionalsätze einführen
Lernjahr	3. Lernjahr
Material	Folien, Bilder
Sozialform	ganze Klasse
Inhaltliche Kompetenzen	Vokabular, *futur simple* üben

Premier pas : Vous commencez le cours en disant que vous vous entraînerez au jeu télévisé « Qui veut gagner des millions » (voir chapitre 2, activités de démarrage). Dites aux élèves que s'ils gagnent, ils pourront partir en vacances ensemble. Vous leur ferez voir de belles images de vacances de luxe en les commentant :

Regardez, si vous gagnez, nous prendrons l'avion, mais pas n'importe quel avion, mais l'A 380. Si vous savez les réponses, vous dormirez dans un des meilleurs hôtels sur l'île. Si nous gagnons le prix, nous aurons notre propre chauffeur, qui nous emmènera visiter l'île.

Deuxième pas : Vous continuez à leur montrer des images, et ils doivent suivre votre exemple et utilise la nouvelle structure. L'activité se termine par la première question de « Qui veut gagner des millions ».

Troisième pas : Quel temps faut-il utiliser dans la phrase subordonnée (celle avec « se »), quel temps faut-il utiliser dans la phrase principale ? Indiquez l'ordre des temps !

a) le futur suivi par le présent *b) l'imparfait suivi par le futur*
c) le présent suivi par le futur *d) deux fois le futur*

Quatrième pas : Ensuite, vous noterez quelques exemples sur le sujet « futures vacances ».

Remarque Vous pouvez réutiliser cette idée pour introduire la proposition conditionnelle du type « irréel » (type 2 : Si nous gagnions, nous pourrions partir en vacances ensemble) ou celle du type 3 (Si nous avions gagné, nous aurions pu …).

8.10 Le subjonctif

Ziel/Leitidee	*subjonctif* einführen
Lernjahr	4. Lernjahr
Material	Liedtext « Je veux » von Zaz, Text siehe Internetlink
Sozialform	ganze Klasse
Inhaltliche Kompetenzen	*subjonctif* üben

Premier pas : Vous écrivez au tableau : Je veux des vacances. Je veux une chambre dans un hôtel très cher. Je veux une limousine et un chauffeur. Je veux … et … et …
Dites aux élèves de réfléchir pendant un instant et de continuer la liste des « désirs » au tableau.

Deuxième pas : Vous écoutez ensemble « Je veux » de Zaz en lisant les paroles de la chanson. Après, les élèves soulignent ce que la personne veut ou ne veut pas.

Troisième pas : Les élèves lisent une autre version du texte sur transparent contenant quelques formes du subjonctif. Vous leur dites que vous voulez qu'ils trouvent des formes verbales qui leur semblent fausses.

Exemple

> *Je ne veux pas que vous me fassiez des cadeaux. Je ne veux pas que vous me réserviez une suite au Ritz. Les bijoux, ce n'est pas pour moi. Je ne veux pas que vous m'en achetiez. J'aime bien marcher, alors je ne veux pas que vous veniez me chercher avec une limousine. Je ne comprends pas qu'on puisse dormir dans une grande maison. La Tour Eiffel, elle peut rester là où elle est. Je ne veux pas que vous me donniez votre argent. Ce que je veux, c'est que je puisse faire ce que je veux, que tout le monde soit de bonne humeur, que les gens soient plus francs et qu'on puisse manger avec les mains si on le veut.*

Quatrième pas: A partir de là, vous introduisez le subjonctif en leur disant qu'il s'utilise, entre autres, après « je veux » et en leur donnant les règles de sa formation:

> Formation
> minus -ent:
> *ils trouvent*
> *ils attendent*
> *ils sortent*
> *ils finissent*
>
> plus -e, -es, -e, -ions, -iez, -ent:
> *je trouve*
> *tu trouves*
> *il trouve*
> *nous trouvions*
> *vous trouviez*
> *ils trouvent*

Cinquième pas: Mettez l'accent sur les verbes comme prendre, dire, lire, connaître, mettre, acheter, recevoir, venir etc. pour voir s'ils ont compris le principe et donnez-leur les formes des verbes irréguliers comme pouvoir, savoir, faire, aller, vouloir.

Sixième pas: Tout en regardant les formes sur un transparent, les élèves feront leurs propres phrases en continuant la liste des vœux au tableau selon le schéma suivant:

> *Je (ne) veux (pas) que les gens/tu/mon prof/on/vous/mon ami/ ...*

Septième pas: En ce qui concerne le mode d'emploi du subjonctif, vous leur donnerez à lire et à examiner à la maison quelques phrases-exemple, dont vous discuterez ensemble le cours suivant.

→ *Voir http://www.songtextemania.com/je_veux_songtext_zaz.html*

8.11   Le gérondif

Ziel/Leitidee	*gérondif* einführen
Lernjahr	5. Lernjahr
Material	PowerPoint oder Folien mit Bildern/Symbolen
Sozialform	ganze Klasse
Inhaltliche Kompetenzen	Bilder versprachlichen

Premier pas: Présentez le personnage fictif du professeur de maths « Deuxchoses » à vos élèves, dont la caractéristique principale est qu'il sait faire et fait effectivement toujours deux choses en même temps. Montrez-leur la première image, où on le voit qui est en train d'écrire au tableau tout en observant la classe (peut-être grâce à ses yeux exorbitants ou grâce à une glace qui reflète la classe).

Deuxième pas: En dessous du dessin, vous écrivez la phrase:

  M. Deuxchoses écrit au tableau et observe les élèves.

Troisième pas: Puis vous leur montrez d'autres dessins ou seulement des symboles, toujours deux ensemble, qu'ils doivent reconnaître pour faire des phrases sur M. Deuxchoses:

  Il explique et danse. (Il explique en dansant.)
Il corrige et dort. (Il corrige en dormant.)
Il prend son petit-déjeuner et s'habille. (…en s'habillant.)
Il se brosse les dents et chante. (…en chantant.)
Il regarde la télé et travaille. (…en travaillant.)

Quatrième pas: Pendant qu'ils font leurs phrases, vous leur montrez les mêmes phrases contenant la nouvelle structure, le gérondif.

Cinquième pas: Ajoutez d'autres symboles. La classe doit maintenant utiliser la nouvelle structure.

Sixième pas : Expliquez-leur la formation. Donnez-leur un choix d'autres exemples illustrant l'emploi du gérondif. Ils doivent en conclure dans quelles conditions on l'utilise. Le mieux est de traduire les phrases en allemand.

Exemples

M. Deuxchoses a appris les maths en comptant les fourmis dans son jardin.

En buvant beaucoup de coca, M. Deuxchoses est en excellente forme.

En entrant dans la salle de classe ce matin, il a vu que quelqu'un avait fait son portrait au tableau. (...)

Index